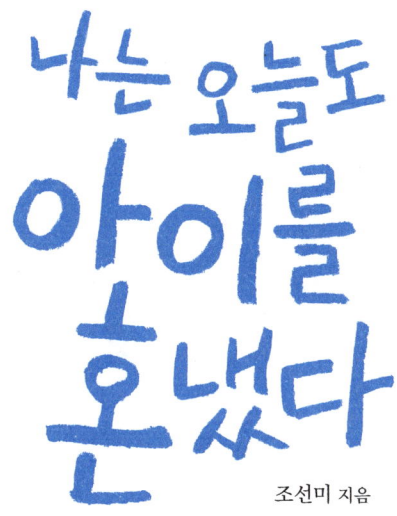

나는 오늘도 아이를 혼냈다

조선미 지음

다시, 아이와의 관계를 회복하는 부모토론학교

한울림

프롤로그

어머니의 기도

아이들을 이해하고
아이들의 말을 끝까지 들어주고,
묻는 말에 일일이 친절하게
대답해주도록 도와주소서.
면박을 주는 일이 없도록 도와주소서.

아이들이 우리에게 공손히 대해주기를 바라는 것 같이
우리가 잘못을 저질렀다고 느꼈을 때,
아이들에게 잘못을 말하고
용서를 빌 수 있도록 용기를 주옵소서.

아이들이 저지른 잘못에 대해 비웃거나
창피를 주거나 놀리게 않게 하여 주시고,
우리들의 마음속에 비열함을 없애주시고
아이들에게 잔소리를 하지 않게 하여 주옵소서.

그리고 아이를 대하는 매 순간마다 이 모든 결심을 잊지 않도록 해주소서.
- 케리 마이어스

아이를 생각하는 부모의 간절함은 누구나 마찬가지겠지만 아이와 함께하는 시간 내내 사랑의 마음을 행동에 담아내기는 쉽지 않다. 삶에 지치고 일상이 짜증스러울 때, 내가 바라던 삶이 이게 아니라는 쓰라린 자각이 밀려올 때, 내 꿈을 이루어줄 거라 기대했던 아이가 나를 실망시켰을 때 부모는 자신도 모르게 얼굴을 찡그리고 목소리를 높인다. 하지만 얼마 지나지 않아 복닥거리는 하루가 끝나고 잠든 아이의 얼굴을 보면 내가 왜 그랬을까 회한이 밀려온다.

매일 아침 '오늘은 그러지 말아야지' 숱하게 다짐을 해보지만, 결국 '나는 오늘도 아이를 혼냈다'는 자책에 부모들은 힘들다. 도대체 무엇이 문제인지, 어떻게 해야 다시 아이와의 관계를 회복할 수 있는지, 그들은 길을 찾고자 부모토론학교에 모였다. 때로는 한숨을 내쉬기도 하고 남몰래 눈물을 찍어내기도 했지만, 부모들은 기꺼이 노력을 기울여 잘못된 관계를 바로잡고자 하였다.

나는 이 감동의 시간들을 우리와 함께하지 못 했지만 같은 소망을 가진 다른 부모들과 공유하고 싶었다. 그래서 그때의 기록을 바탕으로 당시 상황을 생생하게 재현하는 대화와 토론형식으로 원고를 정리했다. 아이와의 행복한 소통을 꿈꾸는 부모들에게는 용기를, 또 어려움을 겪는 부모들끼리는 서로 돕고 의지가 되어주기를 바라는 마음을 나는 이 책에 담았다.

조 선 미

차례

프롤로그　2

오리엔테이션 **오늘도 아이랑 한바탕했어요**　7
　힘겨운 아이와의 전쟁　10
　왜 아이들과 잘 지낼 수 없는 걸까?　19
　자동사고, 부모들이 빠지기 쉬운 생각의 함정　28
　부모 자신을 위한 시간　36

1강 **아이와의 관계 파악하기**　41
　아이 행동 들여다보기　46
　맥락과 결과에 주목하기　55

2강 **아이와의 관계를 회복하는 방법**　69
　긍정적인 상호작용 & 부정적인 상호작용　74
　아이 존중하기　76
　합리적으로 문제해결하기　81
　아이와의 '특별한 놀이'　86

3강 **아이 행동 변화시키기**　93
　아이가 할 수 있는 수준 확인하기　98
　효과적으로 지시하기　104
　스티커 제도 활용하기　113

4강 중간점검, 변화의 걸림돌 치우기   123

걸림돌 1_ 훈육이 필요한 때와 마음을 읽어줘야 할 때   127
걸림돌 2_ 상호작용 부족에서 오는 관계의 실패   133
걸림돌 3_ 노력해도 잘 바뀌지 않는 자동사고   138
걸림돌 4_ 스티커 제도의 부작용   142

5강 아이 마음 헤아리기   153

지켜봐 줘야 할 때   157
마음을 다독여줘야 할 때   163
아이의 행동과 감정을 구분할 때   168

6강 아이 행동의 경계 정해주기   179

해도 되는 행동과 하지 말아야 할 행동의 경계   183
'생각하는 의자' 활용하기   184
행동의 경계를 알려주는 규칙 정하기   192

7강 반항과 갈등, 아이와의 힘겨루기   203

반항하는 아이와의 힘겨루기   205
아이와의 힘겨루기에 대처하는 방법   213
아이의 반항을 부르는 대화습관   226

8강 아이와 협력하기　235

　아이의 동의 이끌어내기　239
　과정에 아이 참여시키기　242
　아이와 대화하기　245
　아이에게 협조 구하기　249
　아빠와 함께 대화하기　252

9장 부모 자신 되돌아보기　259

　아직 풀지 못한 내 부모와의 관계　264
　아이를 책임진다는 부담　269
　나 자신의 삶에 만족하기　273

10강 변화, 그리고 아이와의 관계 다지기　281

　기준 바로 세우기　284
　아이와의 관계회복을 위한 부모의 변화　289
　마음의 여유 갖기　294

에필로그　302

> 오리엔테이션

오늘도 아이랑 한바탕했어요

내가 부모교육을 처음 시작했을 때 여섯 살이던 딸아이가 지금은 대학생이 되었으니 부모교육을 시작한 지 벌써 십수 년 가까운 시간이 흘렀다. 그렇게 오랫동안 해왔으니 이제는 익숙해질 만도 한데 부모들과의 첫 만남은 예외 없이 긴장되고 마음이 초조해진다. 그건 아마 부모들이 걱정하는 문제가 특별히 힘든 문제라서가 아니라 거기에 담긴 감정의 무게 때문인 것 같다.

부모토론학교에 참여하는 부모들은 그때까지 아이와의 갈등을 해결해보려고 갖은 노력을 다 해봤지만 결국 해결을 못 해 절망적인 마음으로 오는 경우가 대부분이다. 아이와의 관계가 심각한 것 같은데 그냥 두자니 불안하고, 게다가 지금 이 상황이 모두 내 잘못 때문이라는 자책감까지 안고 있어서 부모들과의 첫 만남은 부모들의 한숨과 탄식, 하소연으로 시작된다.

조선미   아이 키우는 거, 생각보다 힘들죠?

부모들   오늘도 아이랑 한바탕했어요.

조선미   많이 힘드니까 여기까지 오셨을 거라고 생각해요. 오늘은 오리엔테이션이니까 우선 지금 아이와의 관계를 부모님들이 어떻게 생각하고 계신지 이야기를 했으면 합니다.

선뜻 나서는 사람이 없다. 큰 결심을 하고 오기는 했지만 막상 이야기를 꺼내려니 쉽지 않은 듯했다.

힘겨운 아이와의 전쟁

정은맘 우리 정은이는 올해 다섯 살이에요. 말도 잘하고 똘똘하다는 칭찬도 많이 들어요. 그런데 문제는 기분이 나쁘거나 자기가 원하는 대로 되지 않으면 막무가내로 울고 떼를 쓴다는 거예요.

그런데 그 떼라는 게 보통 수준을 넘어요. 목소리나 작으면 좋은데 큰 울음소리 때문에 동네가 떠나갈 지경이에요. 그러다 보니 요즘은 너무 짜증이 나고 화가 나서 툭하면 아이에게 매를 들게 되고, 애를 울려서 유치원에 보내는 일이 허다해요. 그런데 얼마 전부터 아이가 제 아빠한테는 가는데 저한테는 오지 않더라고요. 아차, 이게 아니구나 싶었죠.

○○맘 우리 애도 비슷해요. 성격이 어찌나 급한지 자기가 말한 걸 그 자리에서 들어주지 않으면 어디가 됐든 간에 바로 화를 내고 드러누워 버려요. 어제도 외출을 했다 집에 오는 길에 가게 앞에서 과자를 사달라고 떼를 쓰는데, 얼마나 창피하던지…….

'어유, 저를 어째?' 하는 표정이 부모들의 얼굴에 떠올랐고, 자기 일처럼 공감을 표시하기도 했다. 서서히 마음이 열리는 듯했다.

유성맘 저는 아이가 셋인데, 하루 종일 싸우고 울고 난리예요. 큰애가 모범을 보이면 좋을 텐데, 거꾸로 동생을 더 많이 괴롭히고 짓궂게 장난을 쳐요. 바로 밑의 동생이 여자아이라서 오빠가 괴롭히면 울면서 저한테 달려오는데, 그때마다 큰애를 많이 야단쳤어요.

○○맘 우리 큰아이도 제가 잘 받아주거나 부드럽게 달래주지 못 해서 그런지 동생이 태어난 후에 부쩍 짜증이 늘었어요. 사소한 일에도 울고 징징거려서 제가 많이 야단치고 화를 냈어요. 그랬더니 아이가 점점 소극적으로 변해가는 것 같아요. 아이를 너무 주눅 들게 만든 건 아닐까 싶어 걱정이에요.

한쪽 구석에서 누군가 한숨 쉬는 소리가 들렸다. 누군들 처음부터 아이에게 소리치고 화내는 엄마가 되고 싶었을까. 잘해보려고 했던 것이고, 내 자식이 아니라면 그렇게까지 하지도 않았을 텐데 하는 안타까움이 묻어나는 한숨이었다.

조선미 지금까지 나온 이야기를 정리하면 아이들이 떼쓰고 말 안 듣고 형제간에 싸우는 게 부모들을 힘들게 하는 것 같네요. 자, 그럼 자라면서 전혀 떼를 쓰지 않거나 형제간에 싸우지 않는 아이들이 있나요? 보신 분 있으면 누가 말씀해주시겠어요?

여기저기서 웃음소리가 들렸다. 생각해보면 떼 한 번 안 쓰고, 싸움 한 번 안 하고 자란 아이가 어디 있겠는가. 하지만 굳이 내가 이런 질문을 한 이유는 부모들이 힘들다고 느낄 때 그냥 힘들다는 감정에 휘둘릴 게 아니라, 이게 어디서 비롯된 것인지를 아는 게 중요하기 때문이다.

지금까지 부모들과 나눈 대화는 아이가 자라면서 누구나 보일 수 있는 행동에 대한 이야기였다.

조선미 이번에는 '우리 아이의 경우는 다르다'고 생각하는 분 있으신가요?

동준맘 우리 동준이는 매사가 천하태평이에요. 유치원에 갈 시간이 빠듯한데도 화장실에 들어가면 나오지를 않고, 그래서 제가 가보면 그때까지도 멍하니 서 있어요. 바지를 입으라고 하면 한쪽 다리만 끼고 멀거니 텔레비전만 보고, 아무리 급하다고 얘기하고, 시간도 가르쳐주고, 설득을 해봐도 본인은 전혀 급하지가 않은 거예요. 심지어 유치원 차가 집 앞에 와서 빵빵거려도 전혀 개의치를 않아요. 다른 애들도 다 그런 건 아니죠?

조선미 어머니 마음은 충분히 이해가 돼요. 아이가 매일 그런 식이라면 견디기 어려울 것 같아요. 그럼 같이 생각해보지요. 지금 동준이의 행동이 보통 애들이 보일 수 있는 행동의 범위를 넘어서는 것일까요?

균형을 맞출만한 의견이 나오지 않을까 기대하고 있는데, 아니나 다를까 한 엄마가 자기 아이와 비교하며 의견을 냈다.

○○맘 일곱 살이면 아직은 시간을 알아서 챙기는 게 어렵지 않나요? 우리 아이는 초등학교 3학년인데도 제가 재촉하지 않으면 학교에 갈 생각이 없어 보일 정도로 행동이 느려요. 성격도 물러

조선미	터져서 뭐든지 친구한테 양보하고 집에 와서 속상하다고 툭하면 우는데, 그 모습을 보고 있으면 속상해요.
조선미	어머니는 그게 나이에 안 맞는 행동이라고 생각하시나요?
○○맘	그건 아닌데, 문제는 제가 그런 걸 보면 참지 못 하고 애를 혼낸다는 거예요. 처음에는 좋은 말로 달래도 보고 칭찬도 했는데, 그래도 바뀌지 않으니까 요즘은 사소한 일로도 화를 내게 돼요.

비슷한 행동에 대한 두 엄마의 판단은 서로 달랐다. 한쪽은 아이 잘못이라고 생각하고, 다른 한쪽은 그런 행동에 대한 자신의 반응이 잘못이라고 보고 있었다. 상황을 보는 관점은 부모로 하여금 어느 방향으로 노력을 기울일 것인지를 결정하게끔 한다.

다른 가능성도 고려해야 하지만 나는 동준이의 느린 행동이 우선은 기질과 관련이 있지 않을까 생각했다. 느린 행동은 심각한 발달지연에서 비롯된 경우도 있지만 대부분 기질과 관련이 있다. 성격이 유순한 것, 활동적인 것, 까다로운 것도 타고난 기질의 영향이 크다.

기질은 타고나는 것이고 쉽게 바뀌지 않기 때문에 강압적인 방법으로 변화를 기대하기 어렵다. 동준이의 행동이 만일 기질에서 비롯된 것이라면 예민하고 유순한 아이가 느리다고 지적받으면서 더 위축되고 더 느려졌을 수 있다. 게다가 동준 엄마는 동준이와 반대의 기질을 가진 듯했다.

조선미   아이의 기질이 부모와 많이 다르면 아이와 좋은 관계를 유지하기 더 힘들 수 있어요. 급한 엄마와 느린 아이의 조합이 있는 가 하면, 엄마는 느긋한데 아이가 활동적이고 성급한 경우도 있지요. 두 가지 경우 모두 서로에게 스트레스가 될 수 있기 때문이죠.

준우맘 그럼 저희 집도 기질 차이 때문일까요? 일 년 전만 해도 저는 준우가 친구들과 못 어울리고 너무 소극적이어서 걱정했어요. 그런데 얼마 전에 유치원 선생님이 아이가 너무 산만하다고 하시는 거예요. 그 이후부터는 아이 행동이 걷잡을 수 없이 산만해졌는데 도무지 어떻게 해야 할지 모르겠더라고요. 제가 궁금한 건 우리 애가 치료가 필요할 만큼 문제가 있는 건지, 아니면 기질적 특징인지 하는 거예요. 유치원 선생님 얘길 들으면 병원에 가봐야 할 것 같고, 주위 분들 얘길 들어보면 아직 어려서 그런 것 같기도 하고…….

준우 엄마는 야무진 말투로 조리 있게 말하기 시작했지만, 결국은 말끝을 제대로 맺지 못한 채 이야기를 끝냈다. 이런 속 이야기까지 털어놓은 준우 엄마의 말에 용기를 얻었는지 그때까지 가만히 듣기만 하던 다른 부모들이 하나 둘 자기 이야기를 털어놓기 시작했다.

정민맘 우리 애가 이 중에서 제일 학년이 높은 것 같은데……. 정민이는 초등학교 4학년이에요. 집에서는 별로 안 그러는데 밖에서는 친구와 잘 싸우고 화가 나면 감정조절을 못 해요. 다른 아이와 몸이 조금만 스쳐도 그걸 트집 잡아 싸우고, 일단 싸움이 붙으면 너무 과격해져서 어떤 때는 선생님도 제재를 못 한다고 하시더라고요. 이런 일이 여러 번 반복되니까 혹시 주의력결핍장애가 아닐까 싶어 병원에 간 적이 있어요.

정민 엄마는 말하기가 힘이 드는지 잠시 말을 멈추었다. 혹시라도 다른 사람들이 아이를 이상하게 보면 어쩌나 하고 걱정하는 듯했다. 그 부담을 덜어주기 위해 내가 나섰다.

조선미 지금 두 분 모두 병원 이야기를 해주셨고, 한 분은 아이를 직접 데리고 가기도 하셨네요. 제 생각에는 아마 다른 분들도 한 번쯤은 전문가의 도움을 받아볼까 하는 마음을 가진 적이 있을 것 같아요. 도움이 필요하면 적극적으로 도움을 받는 게 현명한 태도입니다. 그리고 전문적인 도움을 받아야만 하는 경우도 분명 있습니다. 이럴 경우 부모 혼자 끌어안고 있으면 아이와의 관계만 점점 더 나빠질 뿐입니다.

어떤 이야기에도 입을 다물고 가만히 듣기만 하던 지원 엄마가 한숨과 함께 불쑥 이야기를 꺼냈다.

지원맘 그래도 다른 분들은 다 직접 아이를 키우셨네요. 저는 큰애와 작은애를 낳은 후 친정어머니에게 맡기고 작년까지 십 년 넘게 직장생활을 했어요. 친정어머니가 봐주셔서 아이는 알아서 크는 줄 알았지요. 그런데 작년에 갑자기 육아를 맡고 보니 아이가 하는 행동 하나하나 눈에 차는 게 없더라고요. 머리로는 아이가 아직 어리다는 걸 알면서도 자꾸 야단치게 되고, 아이한테 쌀쌀맞게 대하게 돼요. 그래도 엄마라고 지원이는 틈만 나면 매달리고 안아달라고 조르는데, 저는 스킨십을 하는 게 어색하고 편치가 않아서 내가 친엄마가 맞기는 하나 하는 마음까지 들었어요.

모처럼 일하는 엄마가 아이 키우는 이야기를 해주니 반가운 마음이 들었다. 직장을 가진 엄마들은 일단 아이와 함께하는 시간이 적고, 또 바깥일 하면서 스트레스도 받기 때문에 아이에게 관심을 가져주고 칭찬을 하기보다는 그날 할 일을 다 했는지 확인하기에도 바쁘다. 아이 마음을 읽어주라지만 사실 일하는 엄마 입장에서는 자기 몸 하나도 추스르기 어렵다. 나 역시 일하는 엄마로 어려움이 많았던 터라 그런 상황이 많이 공감되었다.

지훈맘 저는 일을 한 건 아니지만 아이가 대여섯 살 때쯤 남편과 사이가 나빠져서 서너 달 떨어져 지냈던 적이 있어요. 남편이 애를 데리고 혼자 있어보면 좀 바뀌지 않을까 싶어 집을 나온 거예요. 그런데 서너 달 지나서 아이를 만나보니 많이 변해 있었어요. 제가 다른 애들한테 예쁘다고 하거나 손이라도 잡아주면 아이가 그걸 너무 싫어하더라고요. 놀러갈 때도 다른 사람과 같이 가는 걸 싫어하고 무조건 엄마 아빠와 자기만 가야 하고.

눈치를 보면서 불안해하고…….

조선미 엄마의 부재가 아이에게 어떤 영향을 미칠지는 생각해보셨나요?

지훈맘 그게 아이한테 어떤 영향을 미칠 거라는 생각을 그때는 못 했어요. 그런데 지금 아이의 행동을 보니까 그때 잘못 했구나 싶어요. 이제라도 아이와의 관계를 잘 회복하고 싶어요.

너무 일찍 결혼했거나 첫아이를 낳은 부모들은 결혼생활에 미처 적응하지 못 했거나 부모가 될 준비가 되지 않은 불안정한 상태에서 아이를 키우는 경우가 많다. 무엇보다도 몇십 년을 따로 살던 남녀가 가족이 되면서 조율하는 과정이 필요한데, 이 과정이 원만하지 않은 가운데 태어난 첫아이는 이 불안정한 환경을 부모와 함께 겪게 된다. 그런 환경이 아이에게 영향을 미치는 것은 물론이다.

환경 문제까지 다루고 나니 나올 수 있는 이야기는 얼추 다 나온 것 같았다. 주변을 둘러보니 비교적 큰 아이를 키우는 엄마들 중에 아직 이야기를 하지 않은 몇 명이 눈에 띄었다.

조선미 현중 어머니, 아이가 좀 큰 편이죠? 지금까지 다른 분들 이야기를 들으면서 어떤 생각이 들었나요? 아이들이 어려서 생겼던 갈등들이 커서까지 계속된다고 보시나요? 아니면 새로운 갈등이 생긴다고 생각하세요?

현중맘 글쎄요. 제 생각에는 지금 다른 분들이 하신 말씀들이 심각하지 않다는 건 아니지만, 그래도 애가 자라면서 좋아지는 부분도 많으니까 크게 걱정하지 않아도 될 것 같아요. 그런데 큰 아이와의 갈등은, 뭐랄까, 아이가 자기주장이 분명해지니까 엄마와 생각이 엇갈리면서 골이 깊어지고 아이와의 관계도 더 악화되는 것 같아요.

조선미 그러니까 커서 부딪히는 게 더 힘들게 느껴진다는 건가요?

현중맘 애가 어렸을 때는 엄마가 이렇게 해야 된다고 하면 대체로 따르잖아요. 그런데 크고 나니까 엄마가 일방적으로 밀어붙이면 그게 아니라고 자기주장을 하고, 어떤 때는 응어리진 감정이 확 튀어나오는 게 느껴져요. 작년에는 그게 아주 심했는데, 제가 아이 주장을 일방적으로 묵살하니까 주먹을 불끈 쥐고 저를 째려보면서 부들부들 떨더라고요. 순간 '이건 아니다, 이러다가 사춘기가 오면 뛰쳐나갈 수도 있겠구나!' 이런 위기감이 들었어요.

동수맘 남자애들이 특히 심하지 않나요? 저희 애는 2학년인데도 아직 정리정돈이나 알림장 써오는 걸 잘 못 해서 잔소리를 많이 해요. 그런데 좋게 얘기하면 듣지 않고 큰소리를 치거나 매를 들어야만 말을 듣는다는 게 문제예요. 언젠가 정말 힘들 때는 남편한테 동수하고 못살겠다고, 한 달만이라도 떨어져 있고 싶다고 얘기한 적도 있어요. 그런데 얼마 전 아이가 탈모 증상을 보여 병원에 갔더니 스트레스 때문일 수 있다고 해서 정말 충격

받았어요. 모든 게 다 제 탓인 것만 같고…….

아이가 탈모 증상을 보였다는 말에 일순 듣고 있는 부모들의 표정도 긴장되는 듯했다. '지금 내가 아이와의 갈등을 잘 해결하지 못 하면 아이가 커서 더 심각한 상황이 벌어질 수도 있구나' 하고 생각하는 듯했다.

나는 부모들의 당혹감과 동수 엄마의 죄책감을 덜어주고자 자기표현을 제대로 못 하는 아이일 경우 스트레스가 심해지면 신체에도 영향을 미쳐 통증을 호소하거나 기력이 떨어질 수 있고, 동수처럼 탈모 증상을 보이는 경우도 있다고 설명해주었다.

아이가 커갈수록 부모는 '내가 지금 얘를 잡지 않으면 커서는 더 못 잡을 텐데, 지금 모든 걸 제대로 잡아놔야 해' 하는 조급한 마음을 갖게 된다. 그러다 보니 아이와의 관계에서 전과 비슷한 문제가 좀 더 심각하게 나타날 수도 있고 예상치 못한 상황으로 비화될 수도 있다. 아이의 성장과 변화가 부모와 아이의 관계에 또 다른 어려움을 가져다 줄 수 있다는 말이다.

왜 아이들과 잘 지낼 수 없는 걸까?

지금까지 우리는 어떨 때 아이와의 관계가 힘들다고 느끼는지 이야기해보았다. 나는 부모들과 함께 나눈 이야기를 정리했다.

> ✔ 이럴 때, 아이와 좋은 관계를 유지하기가 힘들다고 느껴요!
>
> * 떼를 심하게 쓰고 형제간에 자주 싸울 때
> * 기질적으로 아이와 서로 맞지 않을 때
> * 발달상의 문제로 아이가 예상치 못한 행동을 보일 때
> * 아이와 애착이 잘 형성되지 않았을 때
> * 아이가 크면서 반항적인 태도를 보일 때

앞으로 우리가 아이와의 관계를 회복해나가려면 일단 현재 상황을 제대로 이해할 수 있어야 한다. 이제는 원인을 짚어볼 차례다. 우선 부모들이 지금 겪고 있는 아이와의 갈등이 왜 생겼는지를 생각해보자고 제안했다.

영준맘 저는 부모가 사랑을 제대로 주지 못한 게 원인이라고 생각해요. 저는 애가 마음에 들지 않는 행동을 하면 무조건 혼부터 냈어요. 그랬더니 요즘은 야단을 치면 듣기는커녕 옆에 있는 물건을 던지고 욕도 하더라구요. 그동안 내가 잘못 해서 그렇구나 하는 생각이 들었어요.

조선미 그런데 그게 왜 부모 잘못 때문이라고 생각하세요?

영준맘 지금 생각해보면 저는 애를 키운다는 게 무엇인지 전혀 모르는 상태에서 부모가 됐어요. 영준이가 8개월 때 갑자기 일을 시작하면서 모유를 끊게 됐는데, 지금 생각해도 참 부끄러운 이야기지만, 아이가 우유를 안 먹으면 '왜 안 먹어? 안 먹을 거야?' 그러면서 엉덩이를 때렸어요. 말도 제대로 못 알아들을 때인데, 그때는 8개월만 돼도 다 컸다고 생각한 거예요.

여기저기서 '어유!' 하는 한숨 소리가 쏟아져 나왔다. 몰라도 너무 몰랐다는 책망 서린 한숨소리에 영준 엄마는 민망한 표정을 지었다.

○○맘 저는 생각이 좀 달라요. 물론 부모가 잘 키우는 것도 중요하지만 아이에 따라 순하고 키우기 수월한 아이도 있고, 그렇지 않은 아이도 있는 것 아닐까요? 저는 큰애를 낳고 나서 나름대로 자료도 열심히 찾아보고 책도 사서 다 읽어보고 그랬어요. 그런데 아이가 좀처럼 따라주지 않았어요. 아기 때는 잠도 안 자고 우유도 안 먹어서 힘들었고, 커서는 별일도 아닌데 징징거리고 보채서 힘들었어요. 그래서 애들이 다 그런가 보다 했는데 둘째를 낳아보니 얘는 뭐든지 수월하게 넘어가더라고요.

아이와의 갈등이 부모의 사랑 부족에서 생긴다는 의견에 대해 당연히 나올 만한 반론이었다. 이 말을 계기로 조심스럽게 듣고 있던 다른 부모들도 자신의 의견을 내놓기 시작했다.

○○맘 부모를 힘들게 하는 아이 중에는 정말 문제가 있는, 그러니까

장애가 있는 애도 있지 않을까 싶어요. 그건 부모로서도 어쩔 수 없는 부분 아닐까요?

○○맘 제 생각도 그래요. 물론 사랑을 많이 주면 좋겠지만, 그렇다고 사랑을 덜 받은 아이들이 다 말썽을 부리는 건 아니잖아요. 부모가 똑같이 키운다고 형제가 똑같아지는 것도 아니고……. 아이들은 태어날 때부터 다른 것 같아요.

논란이 계속되자 나는 아이와의 갈등이 부모 자신 때문이라고 생각하면 손을 들어보라고 하였다. 조심스럽게 손을 든 몇몇 중에 아이가 병원에서 주의력결핍-과잉행동장애(ADHD) 판정을 받았다고 고백했던 정민 엄마도 있었다.

조선미 어머니는 정민이가 친구들과 싸우고, 충동적으로 행동하는 게 ADHD 말고 다른 이유가 더 있기 때문이라고 생각하세요?

정민맘 검사결과는 그렇게 나왔지만, 저는 정민이가 정말 ADHD인지 잘 모르겠어요. 모든 게 다 제 잘못이라는 생각이 들어요. 너무 어렸을 때부터 무리하게 공부를 시켰거든요.

조선미 그런데 친구들과 자주 싸우는 게 왜 공부 스트레스 때문일까요?

정민맘 지금도 정민이는 제가 시키는 공부를 빠뜨리지 않고 다 해요. 학습지 몇 장 풀어놔라 그러면 어김없이 풀어놓는데, 그런 애가 학교에 가서 다른 애들과 싸운다는 건 저한테 받은 스트레스를 그런 식으로 푸는 게 아닐까요? 여자아이들하고 특히 더 부딪치는데, 제가 그 일로 나무라면 자기는 여자아이들하고 잘 지낼 필요를 모르겠다고 하더라고요.

조선미 우선 어머니가 정민이에게 어떤 식으로 스트레스를 주는지 구체적으로 말씀해주시겠어요?

정민맘 요즘 자주 부딪치는 이유는 만화책 때문이에요. 저는 애들이 만화책 보는 게 싫어요. 그래도 아이가 너무 좋아하니까 못 보게 할 수도 없고, 2주일에 한 권씩만 보자고 약속을 했지요. 그런데 애가 그걸 갖고 어찌나 투덜대는지 만날 싸워요.

2주일에 만화책 한 권이라니 좀 너무한 것 아닌가 싶었는데 한 엄마가 대번에 반박을 한다.

○○맘 우리 애는 매일 두세 권은 보는데 2주일에 한 권 보라고 하면 아이가 받아들이나요? 저는 만화책이 그렇게 나쁘다고 생각하지 않아요.

정민맘 저는 뭐랄까, 만화책은 교육적이지 않은 것 같고, 아이가 그걸 읽고 있으면 화가 나요. 그 시간에 차라리 성경이라도 읽지 저런 걸 읽나 싶은 마음도 들고요.

분위기가 술렁거리기 시작했다. 나는 논쟁이 길어지기 전에 우선은 검사결과를 부정하고 모든 걸 자신의 탓으로 돌리려는 정민 엄마의 혼란스런 생각을 정리할 필요가 있다고 생각했다.

조선미 제가 보기에도 정민이는 말이나 생각하는 것은 4학년 치고도 꽤 똑똑한데 행동은 자제력이 부족하고 충동적인 것 같아요. 친구들과 다투는 것도 단지 스트레스 때문이 아니라 ADHD 증상이 영향을 많이 미친 것 같고요. 그러니까 어머니가 과도하게 자신을 탓할 필요는 없습니다.

말은 이렇게 했지만 정민이의 행동 중에는 ADHD로도 이해하기 어려운 부분이 있었다. 여자아이들과는 잘 지낼 필요도 없다는 말을 할 정도로 여자를 싫어한다는 점이다. 나는 엄마와 관련이 있다고 생각했다.

무리하게 공부를 시키고, 만화책조차 보지 못 하게 한다는 점으로 볼 때, 정민이에게 엄마라는 존재는 늘 자신을 억누르고 싫은 것을 강요하는 사람이었을 것이다. 이런 엄마에게 화가 나고 원망스러운 감정을 느끼는 것은 당연하지만 엄마이기 때문에 이런 마음을 마음껏 드러낼 수는 없었을 것이다. 이런 이유로 엄마보다 만만한 또래 여자아이들에게 대신 화풀이를 하고 싶은 감정을 보였던 게 아닐까 짐작되었다.

조선미 정민 어머니께서는 지금까지 정민이를 사랑하는 마음으로 모든 걸 하셨다고 생각해요. 다만 주관이 너무 강한 나머지 자신의 방식이 아이에게 맞는지, 효과가 있는지에 대해서는 파악을 잘 못 하셨던 것 같아요. 게다가 어머니의 이런 방식이 정민이가 원래 갖고 있는 주의력결핍과 과잉행동, 충동성 증상과 겹치면서 상황이 더 악화된 것 같네요.

동준맘 저는 정민이네랑은 좀 다른데요. 제 솔직한 마음은 아이가 맞고 다니는 것보다 싸우는 게 나을 것 같아요. 다른 사람들은 제 탓을 하지만 아무리 생각해도 저는 동준이 탓이 큰 것 같아요.

정민이와 동준이는 서로 반대 성향을 가지고 있다. 정민이와 동준이를 대조시켜서 생각해보는 게 서로 도움이 될 수 있겠다는 생각에 나는 동준이 행동에 대해 좀 더 자세히 설명해줄 것을 부탁했다.

동준맘 우리 동준이는 행동만 느린 게 아니라 성격이 너무 좋아서 애들하고 싸우는 법이 없어요. 처음에는 '애가 성격이 좋구나!' 그렇게만 생각했는데 이제는 욕심이 너무 없고 뭐든지 빨리 포기하는 게 걱정이에요. 장난감 때문에 다른 아이와 싸움이 일어나면 무조건 상대방부터 배려하고 '너 다 가져라' 이런 식이에요. 유치원 선생님도 애가 시샘이랄까 경쟁심이 별로 없다고 하셨어요. 그런 말을 들으니까 애가 이 험한 세상을 어떻게 살려고 그러나 싶어서 정말 답답해요.

조선미 맞고 양보만 하는 아이가 속상하고 답답하게 느껴지는 마음은 이해가 가는데, 아이 잘못이라는 확신은 어디에서 비롯된 건가요?

동준맘 생각해보세요. 행동도 느리고, 친구들보다 뭘 더 잘해야겠다는 욕심도 없으면 나중에 커서 밥 벌어먹기도 힘들지 않겠어요?

어떻게든 아이를 바꿔보려고 '너 바보니? 왜 말을 못 해?' 그렇게 소리 지를 때도 있고, 그보다 더 모진 말도 해봤어요. 그럴 때는 아이가 고개를 푹 숙이고 가만히 있는데, 저는 그게 싫어서 더 화를 내게 돼요.

○○맘 지금 말씀을 듣다 보니 저 어렸을 때 일이 생각나네요. 제가 그런 일로 정말 많이 혼났거든요. 마음먹고 뭔가를 시작하려고 하면 바로 그때 엄마가 아직도 그걸 안 했느냐고 큰소리를 치셨고, 또 하고 있으면 아직도 못 했느냐고 또 야단을 치셨어요. 나중에는 어차피 해도 혼나고 안 해도 혼날 텐데 차라리 숙제가 없다고 하는 게 낫겠다고 생각했어요. 그러면서 학교 숙제나 공부에 흥미를 잃었던 것 같은데, 한 번 성적이 떨어지니까 나중에는 도저히 공부할 엄두가 안 났어요. 학교 다니면서 많이 힘들고 우울했어요.

제 경험으로 볼 때 동준 어머니의 태도는 정말 안 좋은 것 같아요. 아이에게 하나도 도움이 되지 않고 오히려 주눅만 들 거예요. 저는 요즘도 가끔 무슨 일을 하다 제대로 못 하면 부모님한테 혼날 때 느꼈던 그때 감정이 올라와요.

이 엄마의 말에 순간 침묵이 흘렀다. 동준 엄마조차도 할 말이 없는 듯 조용히 있었다. 부모의 태도는 아이에게 잘못이 있건 없건 간에 중요한 영향을 미칠 수 있다. 나는 아이 잘못이라고 믿는 동준 엄마의 강한 확신이 계속 마음에 걸렸다. 부모의 이런 생각이 아이와의 관계에 악영향을 줄 것이 분명했다. 동준 엄마가 해야 할 첫 과제는 상황을 좀 더 유연하게 바라보는 것이라 생각되었다.

조선미 동준 어머니, 혹시 보기에 동준이가 행동이 느리고 경쟁심도 부족하지만 '저 모습 그대로 학교에 가도 큰 어려움 없이 학교생활 잘할 거다' 이런 생각은 안 해보셨나요?

동준맘 아이가 저런데 어떻게요? '학교는 제대로 다닐까, 남들이 장애아로 보는 건 아닐까' 이런 생각만 했어요. 그 생각만 하면 잠도 안 와요. 어떻게 해서든 아이 행동을 바꾸고 싶어서 여기까지 왔는데 무슨 말씀인지 이해가 안 가요.

조선미 걱정하는 마음은 잘 알아요. 그럴만한 모습을 충분히 보셨겠지요. 그런데 동준이한테 잘못이 있다 없다를 떠나서 우리가 먼저 이런 점을 짚어봤으면 좋겠어요. 앞으로 어머니가 원하는 방향으로 동준이가 변화할 수도 있지만 그렇지 못할 수도 있습니다. 그런데 어머니는 어떻게 해서든 동준이를 바꾸겠다는 생각 외에 다른 가능성은 전혀 염두에 두지 않고 있네요.

동준맘 그럼 저보고 애를 포기하라는 말인가요?

예상치 못 했던 대답이 튀어나왔다. 동준 엄마에게 있어서 아이의 행동을 바꾸지 못 하는 것은 아이를 포기하는 것과 같다는 의미였다. 나는 직감적으로 핵심적인 내용이 나왔다고 판단했다.

자동사고, 부모들이 빠지기 쉬운 생각의 함정

동준 엄마는 '우리 애는 분명 뭔가 문제가 있어', '아이를 이대로 놔두면 낙오자가 될 거야', '어떻게든 아이 행동을 바꾸지 못 하면 나는 애를 포기한 엄마야'라는 아주 강한 신념을 품고 있다. 내가 동준이의 행동 대신 엄마의 신념과 생각을 먼저 짚은 데는 이유가 있다. 본격적인 토론을 시작하기 전에 부모들에게 각자 아이에 대해 평가를 하도록 했는데, 동준 엄마는 동준이의 행동을 심각한 장애 수준으로 보고 있었다. 그렇지만 내가 만난 동준이는 엄마가 평가한 만큼 심각해 보이지 않았다. 나는 동준 엄마의 생각을 바꾸는 게 무엇보다 중요하다고 판단했다.

조선미   자, 여기서 오늘 부모님들이 꼭 아셔야 할 중요한 말씀을 드릴게요. '자동사고'라는 개념입니다. 심리학 용어라 생소하실 거예요. '자동사고'는 어떤 일에 부딪혔을 때 자신도 모르게 자동적으로 스쳐지나가는 생각을 말합니다. 예를 들어, 아이 가방을 열어봤는데 아이 것이 아닌 게임기가 들어있었어요. 아이를 다그쳐보니 너무 갖고 싶어 자기도 모르게 집어왔다고 합니다. 이때 무슨 생각이 떠오를까요?

○○맘   왜 도둑질을 했지? 용돈이 부족했나?

○○맘   이대로 뒀다가는 큰일 나겠네. 도둑이나 사기꾼이 되는 거 아

니야?

○○맘 저는 비슷한 경험이 있어요. 게임기는 아니지만. 그때는 '남들이 알면 어떡하나, 다른 애들이 우리 애하고 놀아주지도 않을 거고 선생님도 색안경을 끼고 볼 텐데 정말 큰일이다' 이런 생각이 들었어요.

조선미 예, 잘 말씀해주셨어요. 그런데 아마 그때 그런 생각을 일부러 했다기보다 자기도 모르게 떠올랐을 거예요. 자동사고는 이런 식으로 의식하지 못한 가운데 스쳐지나갑니다. 심지어 그때는 내가 무슨 생각을 했는지 알아차리지 못 하는 경우도 많아요. 그런데 문제는 이런 식으로 알아차리기도 어려운 생각들이 내 행동과 감정을 결정한다는 거죠. 동준 어머니처럼 '우리 애는 분명 뭔가 문제가 있어. 이걸 고치지 않으면 평생 힘들 거야'라고 생각하면 그때 기분이 어떨까요?

○○맘 걱정이 많이 되겠지요.

조선미 그럼 행동은요? 그런 생각이 들면 어떤 행동을 하게 될까요?

어디선가 '아!' 하는 감탄의 소리가 들려왔다.

○○맘 그러니까 아이를 잡을 수밖에 없는 거네요. 인생이 걸린 거니까 부모로서 그냥 내버려둘 수가 없는 거죠. 결국 그런 생각이 행동을 결정한다 그거죠?

동수맘 그럼 동수가 겨우 학습지 세 개 하는 것 갖고 하루 종일 힘들게 하면 제 속에서 불이 나는 것 같은데, 이것도 자동사고와 관련이 있을까요?

조선미 아마 어머니 머릿속에는 이런 생각이 있을 거예요. 동수가 공부를 하다가 이해를 제대로 못 하면 '교과서에 나오는 건데도 제대로 이해를 못 한다는 건 학교 수업을 못 따라간다는 거고, 그러다 보면 학업이 뒤처져서 결국 하위권을 맴돌다 대학도 못 가겠구나' 아닌가요?

동수맘 맞아요. 바로 그거예요. 어떻게 그걸 그렇게 정확하게 말씀하세요?

조선미 동수 어머니를 포함해서 우리 모두에게는 신중하게 생각해보지 않은 채 '그게 맞다'고 믿고 있는 생각이 상당히 많습니다. 예를 들어 동수가 지금 2학년인데 교과서 내용을 이해하지 못한다는 것은 말이 안 된다고 생각할 수 있습니다. 교과서처럼 가장 기본적이고 쉬운 것을 모른다는 건 동수가 어딘가 부족하거나 혹은 노력하지 않는 아이라는 증거라고 생각할 수도 있습니다. 그런데 수능 시험이 끝나면 항상 방송에서 하는 말이 있습니다. 이번 수능 시험은 고교 과정을 제대로 마치면 누구나 풀 수 있는 쉬운 문제라고 하지요. 그렇다면 고등학교 과정을 제대로 마친 모든 아이들이 왜 다 만점을 맞지 못할까요? 교과서에 있는 내용은 그 학년에 배워야 할 것입니다. 즉, 그때까지는 잘 몰랐던 것이고 교육을 통해서 가르쳐야 하는 것이지요. 모르는 게 당연합니다. 그리고 누구나 쉽게 배울 수 있는 내용이라면 굳이 시간과 노력을 들여 가르칠 이유가 있을까요?

지금 동수 어머니는 동수가 공부하기 싫어하고, 억지로 앉히면 불평을 하고, 학습지를 제대로 풀지 않는 것이 문제라고 생각하시는데, 그렇다면 동수가 어떻게 행동하는 게 정상일까요? 굳이 멀리서 예를 찾기 전에 내가 어렸을 때는 어땠는지 생각해보시면 아이에 대해 갖고 있는 기준이 얼마나 비현실적인지 이해하실 수 있을 겁니다.

분위기가 술렁거리기 시작했다. 그동안 아무런 의심 없이 믿어왔던 생각들이 틀릴 수 있다는 말에 적지 않게 동요를 느끼는 것 같았다. 하지만 '자동사고'라는 게 언제 어디서 무엇을 근거로 생기는지 알기 어렵고, 또 그런 생각이 있다 하더라도 순간적으로 스치고 지나가기 때문에 잡아내기가 보통 어려운 게 아니다. 다행스러운 것은 행동을 거꾸로 짚어보면 어느 정도 추리가 가능하고, 양육에 영향을 미치는 자동사고가 대체로 한정되어 있어 노력하면 어느 정도는 바꿀 수 있다는 점이다. 이 시점에서 나는 부모들이 흔히 가질 수 있는 비합리적인 자동사고의 예를 몇 가지 들어주었다.

아이의 행동	부모의 자동사고
방을 어지럽히고도 전혀 개의치 않는다.	저런 식으로 살다가는 어디 가서도 환영받지 못 하는 사람이 될 거야. 게으름뱅이가 될 게 틀림없어.
여러 번 말하는 데도 말을 듣지 않는다.	저렇게 말을 안 듣다니, 엄마를 무시하는 게 틀림없어.
동생과 자주 다툰다.	하는 행동이 동생만도 못 하다니, 쟤는 분명 뭔가 심각하게 잘못됐어.
접시에 담긴 과일을 어른보다 먼저 집는다.	예의도 없고 어른도 모르는 녀석 같으니라고. 저러면 사회생활도 못할 텐데.

이제는 자동사고를 어떻게 다루어야 할지 함께 생각해볼 차례다. 자동사고가 문제가 되는 것은 그 생각이 합리적이거나 현실적이지 않기 때문이다.

조선미 옆집에 사는 이웃이 "우리 아이가 초등학교 2학년이나 됐는데 정리정돈을 못 해요. 어른이 돼서도 똑같이 할 게 분명하니 어쩌면 좋아요"라고 말한다면 어떤 생각이 드는지 상상해보세요. 분명히 '저 엄마는 사소한 걸 갖고 말도 안 되는 생각을 하는군. 애를 잡겠어!'라고 생각하지 않을까요? 내 생각이 합리적인지 아닌지를 알기 어렵다면 다른 사람이 그런 말을 하는 걸 듣는다고 상상해보세요. 훨씬 쉽게 판단할 수 있을 겁니다. 그래서 합리적이 아니라고 판단되는 생각은 최선을 다해 바꾸도록 노력하셔야 합니다.

이런 설명 끝에 나는 동준 엄마에게 유치원 선생님을 만나볼 것을 권했다. 동준이의 행동이 얼마나 느린지, 그 정도가 생각하는 것처럼 심각한지 확인해보고, 엄마가 했던 생각이 과연 맞는지 다음 시간에 함께 이야기해보자고 했다.

<u>조선미</u> 동준이는 이제 일곱 살이고, 한참 크는 나이라 행동이 좀 느리다고 문제 삼는 것은 시기상조입니다. 좀 더 지켜봐 주는 여유가 필요하지요. 그런데 어머니가 계속해서 지금처럼 생각하신다면 아이의 행동을 고치기 위해 강압적으로 대하게 되고, 그러면 동준이와의 관계는 점점 나빠질 거예요. 이럴 경우 얻는 것보다는 잃는 게 훨씬 많지 않을까요?

분위기가 활기를 띠었다. 지금 막 알게 된 새로운 사실이 엄마들의 마음에 신선한 동요를 일으킨 것 같았다. 이제는 양육환경을 다룰 차례다. 부부간의 별거 경험이 있다는 지훈 엄마를 살피며 조심스럽게 말을 꺼냈다.

<u>조선미</u> 엄마 아빠 사이가 좋은 게 아이와의 긍정적인 관계형성에서 아주 중요하다는 것은 누구나 아는 사실이지요. 엄마 아빠 사이

가 좋지 않아서 아이와의 관계가 상하는 경우는 환경에 의한 것이라고 볼 수 있습니다. 그럼 부부 사이 외에 아이와의 관계 형성에 영향을 줄 수 있는 환경요인으로 다른 건 뭐가 있을까요?

○○맘 부부 사이도 중요하지만 혼자서 아이 둘을 키우면서 집안일까지 하다 보면 너무 지쳐서 쉬고 싶은 마음밖에 없어요. 남편과도 원래 사이가 나빴던 것은 아닌데 스트레스가 쌓이면 싸우게 되고, 애한테도 제대로 못 해주는 것 같아요.

○○맘 맞아요. 저도 가게 일을 하다 보니 일에 얽매여 있어서 뭘 하고 싶어도 시간이 없어요. 늘 쫓기듯이 사니까 나는 나대로 힘들고, 아이들한테도 자꾸 화만 내게 돼요. 이러고 살아야 하나 하는 생각이 들 때가 한두 번이 아니에요.

조선미 부모가 신체적으로나 심리적으로 최상의 상태에 있지 않으면 아이와 좋은 관계를 유지하는 게 당연히 어렵습니다. 무슨 일이든 최선을 다하기 위해서는 건강한 몸과 마음이 기본이 되지요. 그래서 부모의 스트레스가 견딜만한 정도를 넘어서면 아이를 위해 무엇을 해주려고 하기 전에 먼저 자신을 돌보는 게 필요합니다. 여러분 중에도 양육에 전념하기 어려울 정도로 스트레스가 심각한 분이 있을 거예요.

정은맘 저는 집안일과 애 키우는 것 외에는 아무것도 안 하는데 하루

하루가 너무 힘들어요. 다른 엄마들은 너끈히 잘하는 걸 왜 나만 이렇게 힘들어하나 싶어 남들에게는 말도 못 하고 남편과 아이들에게 짜증만 늘어요. 남편과 사이가 나쁘지도 않은데 우울한 건 왜 그렇지요?

사실 토론을 시작하기 전에 했던 심리검사에서 정은 엄마와 지원 엄마는 우울증 가능성이 높게 나타나 어떻게 말을 꺼내야 할까 고심하고 있었는데, 먼저 이야기를 꺼내주어 다행이라는 생각이 들었다.

조선미 물론 애를 키우는 일은 힘이 듭니다. 그런데 지금 정은 어머니는 너무 많이 지치고 우울해서 흔히 겪는 육아 스트레스로만 보기는 어려운 상태예요. 지난번에 했던 검사에서 우울증일 수도 있다는 가능성이 나왔는데, 우울증은 아이와의 관계를 회복한다고 해서 없어지는 게 아닙니다. 우울증을 치료하기 위한 적절한 조치를 취해야 합니다.

아이를 키우는 주부들 중에 우울증은 의외로 많다. 그러나 우리 문화는 감정의 문제를 대체로 개인의 문제로 돌리기 때문에 아이를 키우는 엄마가 우울하다고 하면 모성애가 부족하다거나 엄살을 부리는 것으로 오해받는 경우가 많다. 그러다 보니 우울증이 있어도 제때 치료받지 못 하고 점차 악화되는 경우가 많은데, 이런 경우 피해는 엄마 자신뿐 아니라 아이와 가족 모두에게 미치게 된다.

부모 자신을 위한 시간

스트레스를 어떻게 다룰 것인가에 대해 이야기하기 전에 나는 부모들에게 질문지를 하나씩 나누어주었다. 최근에 어떤 일이 가장 스트레스가 되었는지, 그리고 그 스트레스가 얼마나 심각했는지를 체크할 수 있게 만든 질문지였다. 누구나 스트레스가 심하다고 하지만 정작 무엇이 힘든지 물어보면 정확하게 표현하기 어려운 경우가 많다. 심지어 힘든 이유가 무엇인지 잘 모를 때도 있다. 그럴 때 스트레스 목록을 살펴보면 단서를 얻을 수 있다.

조선미 각자 생활하면서 가장 힘들다고 느꼈던 일에 체크해보세요. 그리고 그 일이 나에게 얼마나 힘든 일인지도 가늠해보시고요. 그 다음에 또 할 일이 있어요. 아마 아이를 키우면서 제일 힘든 일 중에 하나가 내 시간이 전혀 없다는 점일 거예요. 그래서 만일 나에게 반나절의 시간이 주어진다면 무엇을 하고 싶은지도 함께 적어보세요.

정은맘 저는 나에게 반나절의 시간이 주어진다면, 수영도 배우고 영화도 보면서 혼자만의 시간을 갖고 싶어요.

준우맘 저도 두 아이가 하루 종일 저하고만 있으니까 너무 힘들어요. 반나절이라도 주어진다면 그동안 못 만났던 동창들을 만나거나 혼자 누워서 음악을 듣고 싶어요.

다연맘 나 자신을 위해서 가장 하고 싶은 일은 실컷 잠을 자는 거예요. 그리고 남편과 좋은 공연을 보거나 나들이를 하고 싶어요. 남편 직장이 지방이라 기껏해야 사흘에 한 번 오거든요. 그러면서도 집에만 오면 늘 잠만 자요.

정민맘 저는 아까 말했듯 식당을 하고 있어요. 쉬는 시간이 전혀 없고 진짜 사는 게 이런 건가 싶을 정도로 힘들어요. 시간이 허락된다면 마음에 맞는 사람들과 실컷 수다도 떨어보고, 사우나 하면서 기분 전환을 하고 싶어요.

조선미 스트레스를 해결한다고 하면 참 어렵고 뭘 어떻게 해야 하나 막막한데, 말씀하시는 걸 들어보니 대부분 약간의 시간과 돈만 들이면 금방 할 수 있는 것들이네요. 아이 엄마가 아니라면 지금 당장이라도 할 수 있는 것 아닌가요?

부모들 맞아요, 정말 그래요.

나 역시도 비슷한 시기를 보낸 적이 있기에 이들의 작은 소망이 얼마나 간절한 것인지 이해할 수 있었다.

마칠 시간이 거의 다 되어가고 있었다. 여러 가지 이야기를 나누었지만 앞으로 10주간 아이와의 관계회복을 위한 토론을 펼치려면 우선은 부모 자신을 돌보는 것이 중요하다고 생각했다. 나는 부모들에게 선물을 주기로 했다.

조선미　오늘 제가 여러분께 선물을 드리려고 해요. 다연 어머니, 아까 남편과 오붓한 시간을 갖고 싶다고 하셨는데, 이번 기회에 남편에게 둘만의 데이트를 신청해볼 생각 있으세요?

다연 엄마는 웃음만 지을 뿐 금방 대답하지 않았다. 쉽지 않을 것 같다는 마음의 표현인 듯했다.

조선미　오늘 여기에서 말씀하신 반나절의 시간이 주어진다면 하고 싶은 것을 앞으로 한 주 동안 적어도 한 번 이상 해오는 게 이번 주 숙제입니다. 이건 선택이 아니라 꼭 하셔야 해요. 왜냐하면 이건 제가 내드리는 첫 숙제거든요. 숙제는 해도 되고 안 해도 되는 게 아니라 반드시 해야 하는 것입니다. 여기에서 배운 것은 무엇이든 실제로 행동에 옮기셔야 합니다.

처음에는 농담을 한다고 생각했는지 웃기만 할 뿐 진지하게 듣지 않더니 점차 내 말의 뜻을 이해하는 것 같았다. 나는 숙제 하나를 더 주었다.

앞으로 10주간 우리는 아이들과의 관계를 회복하기 위한 방법을 찾아야 한다. 그러기 위해서는 자신이 가지고 있는 자동사고를 먼저 확인하고 바꿀 부분이 있다면 바꿔나가야 한다. 그래서 한 주 동안 아이 때문에 화가 나거나 감정이 고조될 경우 그 순간이 지나고 나서 그때 어떤 생각이 떠올랐는지, 아이가 어떻다고 생각했는지 기록해 오도록 했다.

부모와 아이 관계에서 생기는 갈등은 누구 탓으로 돌리기 어렵고 그럴 필요도 없다. 혹시 아이에게, 혹은 부모에게 치명적인 잘못이 있다 하더라도 어떻게 해서든 보듬고 끌고 나가야 하는 것이 부모와 아이의 관계이다. 어떤 문제든 해결에 초점을 두면 다른 시각을 가질 수 있다. 우리는 오늘 그 첫걸음을 내디뎠다.

> ✔ 아이와의 관계회복을 위한 첫걸음!
> * 강압적이거나 지나치게 허용적인, 효과적이지 않은 양육방식을 점검한다.
> * 부모가 갖기 쉬운 비합리적인 자동사고를 점검한다.
> * 부모 자신을 위한 시간을 갖자.

> 1강

아이와의 관계 파악하기

하나 둘씩 모이는 부모들의 표정이 오리엔테이션 때보다 훨씬 밝아보였다. 서로 속내를 털어놓아 친해진 것도 있지만, 지난 일주일 동안 색다른 경험을 한 것 같았다. 두 명의 헤어스타일이 바뀌었고, 옷도 훨씬 환한 색으로 입고 있었다.

조선미   정은 어머니, 헤어스타일을 바꾸니까 아이 엄마 같지 않네요. 누가 보면 처녀로 오해하겠어요.(웃음)

정은맘   지난 시간에 숙제 내주셨잖아요. 그때는 그냥 쉬고만 싶다고 생각했는데 집에 가면서 생각해보니까 너무 아까운 거예요. 남편이 하루 시간 내서 애들 봐주는 동안 머리도 하고 옷도 사 입었어요.

조선미   잘하셨어요. 머리하고 옷뿐 아니라 표정도 달라진 것 같아요.

정은맘   사실은 남편하고 병원에 갔었어요. 둘째 낳은 이후 계속 우울증인 것 같다고 생각했는데 지난 시간에 선생님께서 치료받아 보는 게 좋을 것 같다고 하셔서 큰맘 먹고 갔어요. 막상 병원에 가니 마음이 편했고, 치료하면 금방 좋아진다고 하니까 꾸준히 치료받으려고 해요.

지원 엄마도 병원에 다녀왔다며 서로 격려의 눈짓을 교환했다.

조선미 자, 숙제는 다 해오셨죠? 이제 자신만을 위한 시간을 가능하면 자주 가져보세요. 아마 자기 시간을 가지면서 몸과 마음이 조금은 편해지고 아이들한테도 좀 여유 있게 대해주셨을 거예요. 앞으로도 계속 스트레스가 너무 쌓이지 않게 잘 관리하셔야 합니다. 그리고 숙제가 또 하나 있었죠?

수미맘 자동사고 말씀이지요? 안 그래도 저는 그 이야기부터 하고 싶었어요. 자동사고를 알아본다는 게 저한테는 굉장히 위력이 컸어요. 그동안 딸아이가 자기 의사를 확실하게 표현하지 못 하면 '저러면 남들이 바보라고 생각할 텐데'라고 생각하면서 야단을 많이 쳤어요. 그런데 가만히 생각해보니까 저도 어릴 때 싫다는 표현을 잘 못 해서 바보 같다고 혼난 기억이 나는 거예요. 이게 나의 강한 자동사고 때문이라니, 아이한테 눈물 날만큼 미안했어요.

조선미 정말 잘하셨네요! 쉬운 일이 아니었을 텐데. 동준 어머니는 어떠셨어요?

동준맘 (난처하다는 듯 웃으며) 제 생각이 틀렸다고 말해야 할 것 같은데, 어떡하죠? 전 아무리 해도 동준이 잘못이라는 생각을 떨쳐버릴 수가 없어요. 유치원보다 병원에 갈까 하는 생각은 했는데 정작 가려니 발이 안 떨어졌어요.

지난 시간에 동준이 유치원 선생님을 만나보라고 권했는데 뜻밖의 대답을 했다.

조선미 동준 어머니의 자동사고로는 아이 행동이 장애 수준으로 보이니까 가볼만한 데가 병원밖에 떠오르지 않는 겁니다. 만일 '우리 애가 또래와 많이 다를까, 함께 있을 때 눈에 띄는 정도일까?'라고 한 번 더 생각했다면 유치원 선생님과 이야기를 나눴을 거예요. 그래서 자동사고가 중요하다는 겁니다. 객관적으로 상황을 판단하고 융통성 있게 대처하려면 부모가 아이에 대해 갖고 있는 비합리적인 자동사고를 찾아 바꾸려고 노력하셔야 해요.

오늘은 아이와의 관계를 파악하는 데 기본이 되는 아이 행동에 대한 부모의 시각에 대해 이야기를 해보죠.

아이 행동 들여다보기

아이의 행동에는, 겉으로는 잘 드러나지 않지만, 그 행동을 불러온 원인이 반드시 있다. 그 원인을 어떻게 파악하느냐에 따라 아이의 행동을 다루는 방법뿐 아니라 부모의 감정과 태도가 달라진다. 부모들은 대개 부모 자신이나 아이 자체에서 그 원인을 찾는다.

부모가 자신에게 원인을 돌리면 '부족한 부모', '나쁜 부모'라는 자책감에 아이의 잘못된 행동도 무조건 받아주게 된다. 반대로 아이에게 원인을 돌리면 '말을 안 듣는 아이', '할 수 있는데 안 하는 아이'라고 생각해서 화가 나고 강압적인 태도를 취하게 된다. 문제는 두 가지 다 부모와 아이 관계를 나빠지게 할 뿐이라는 데 있다.

나는 이 원리를 설명하기 위해 먼저 가은 엄마에게 질문을 던졌다.

조선미 가은이가 엄마한테 혼나면 동생한테 화풀이를 한다고 했는데 가은이가 그런 행동을 하는 이유가 뭐라고 생각하세요?

가은맘 몇 달 전에 유치원에서 놀이상담을 받은 적이 있어요. 그때 놀이치료 하는 분이 가은이 마음에 어릴 때 일이 상처로 많이 남은 것 같다고 했는데, 그게 저 때문이라고 생각하게 됐어요.

조선미 그래서 가은이한테 어떻게 해주셨나요?

가은맘 그 일이 있고 나서 가은이가 유치원 수업이 끝나면 자기를 데

리러 와서 집까지 업고 가달라고 조르더라고요. 아이한테 잘해 주면 마음의 상처가 나을까 싶어서 한동안 업고 다녔는데, 저만 고생하고 아이는 달라진 게 없었어요. 엄청 억울하더라고요.

씩씩하고 거침없는 말투로 우스갯소리까지 하는 가은 엄마 말에 모두 소리 내어 웃었다. 이렇게 원인을 부모나 아이 탓으로 돌리면 갈등만 빚고 상황은 나아지지 않는다. 해결의 실마리를 찾으려면 아이의 행동을 지금과는 전혀 다른, 새로운 방식으로 이해해야 한다.

이를 위해 각 가정에서 부모들이 매일 겪는 상황을 카메라에 담아 구체적으로 살펴보기로 했다.

먼저 유성이네 집 상황이 담긴 촬영화면을 보았다.

#1. 마땅히 할 일이 없어 여기저기 어슬렁거리던 유성이가 재미있는 놀이를 발견했다. 동생 유진이가 베란다로 나가자 못 들어오게 문을 닫아버린 것이다.

유성이가 문을 열어주자 거실에 들어온 유진이가 유성이에게 달려들어 옷을 잡아당기며 때린다.

조선미　마지막에 유성이 어머니께서 화가 많이 난 것 같은데, 지난번에 배웠던 자동사고부터 짚어볼까요? 유진이가 우는 상황을 보면 유성이에 대해 어떤 생각이 떠오르나요?

유성맘　'큰애가 문제야. 큰애가 항상 먼저 동생들을 건드려'라고 생각했던 것 같아요.

조선미　잘 짚으셨어요. 아마 '다 큰 게 설명을 했는데 왜 못 알아들어!', '동생이 저 행동을 그대로 배울 텐데 정말 큰일이야' 이런 생각도 하셨을 거예요. 그러니까 당연히 화가 나지요.

유성 엄마는 어떻게 그렇게 자신의 생각을 정확하게 알았느냐는 듯 놀란 표정을 지었다.

조선미　이제 다른 각도에서 상황을 살펴볼까요? 상황을 보면 어머니가 아이들끼리 싸우고 때려도 처음에는 전혀 개입을 하지 않습니다. '아마 저러다 말겠지' 하는 생각을 했을 거예요. 그러다가 유진이가 울면 그제야 하던 일을 멈추고, 동생을 울렸다고 유성이를 혼내지요. 그렇다고 내가 계모가 아닐까 생각하실 필요는 없어요. 어느 집에서나 흔히 있는 일입니다. 첫째의 운명이죠.(웃음)

엄마들의 웃음소리를 들으며 나는 상황을 좀 더 분명히 보여주기 위해 칠판에 그림을 그렸다.

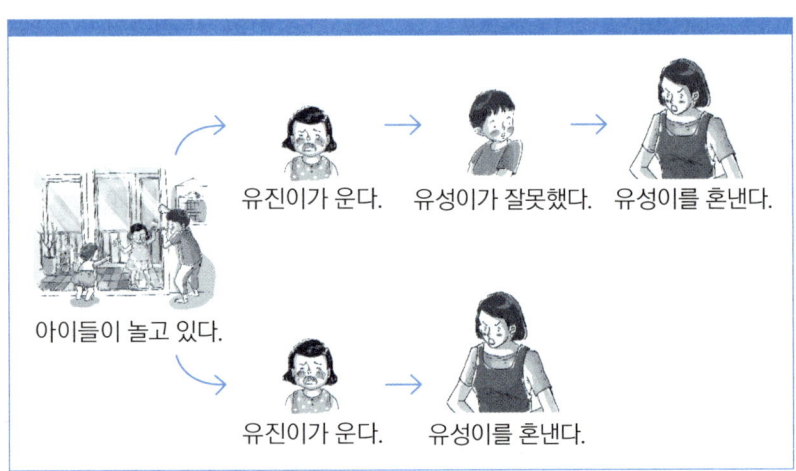

조선미   항상 이런 공식이 맞나요? 그러니까 유진이가 울면 항상 유성이가 잘못한 걸까요?

유성맘   그건 아닌 것 같아요. 같이 놀다가 누가 먼저 잘못 했다고 하기 어렵게 싸움으로 번지는 경우도 있어요.

조선미   그럼 지금부터는 이렇게 습관적으로 작동하던 회로를 차단하셔야 합니다. 그러기 위해서는 아이들이 싸우다가 울면 일단 멈춰서 생각하는 게 필요합니다. 가능하면 감정이 치솟기 전에 멈춰서 '울음소리가 난다 → 화내기 전에 일단 멈춘다', 혹은 '울음소리가 난다 → 유성이를 혼내기 전에 일단 멈춘다'를 연습해야 합니다. 이게 가능해지면 그 다음에는 '울음소리가 난다 → 상황을 살펴본다', '울음소리가 난다 → 상황을 살피고 효과적으로 대응한다'로 생각을 바꿔나가셔야 합니다.
부모들의 표정에 그 상황에서 엄마가 화내지 않고 생각한다는 게 과연 가능할까 하는 의구심이 느껴졌다.

아이들, 아니 사람들의 행동에는 겉으로는 잘 보이지 않는 어떤 원리가 있다. 사람들은 대부분 원하는 걸 얻거나 혹은 싫은 걸 피하기 위해서 행동한다. 그리고 여러 가지 행동 중에서 원하는 것을 가장 많이 얻을 수 있는 행동을 자주 한다. 그래서 행동을 분석할 때 그 상황은 어땠고, 아이가 그 행동을 해서 얻은 결과가 무엇인지를 전체 맥락 속에서 파악해야 한다.

조선미 지금부터 말씀드릴 것은 부모가 아이의 행동을 잘 이해하면 갈등 상황이 발생하는 횟수도 훨씬 줄어들 수 있다는 점입니다.

○○맘 어떻게요? 정말 그럴 수 있나요?

조선미 그 전에 먼저 유성 어머니께 질문을 드릴게요. 유성이가 왜 유진이를 자꾸 괴롭히고 놀린다고 생각하세요?

유성맘 심심해서 그럴까요? 동생 괴롭히는 게 재미있나 보죠.

조선미 지난번에 유성이와 인터뷰한 게 있어요. 그걸 보면 유성이가 왜 그러는지 이해가 될 거예요.

조선미 : 유성이는 왜 동생을 괴롭혀요?

유 성 : 심심해서요. 저는 동생이 저를 잡는 놀이가 제일 재미있어요.

조선미 : 그럼 어떻게 돼요?

유　성 : 유진이가 울어요. 그럼 엄마한테 혼나거나 매 맞아요.

조선미 : 혼나면 기분 나쁠 텐데, 동생을 괴롭히지 않으면 되는 거 아니에요?

유　성 : 근데 심심하면 그러고 싶어져요.

조선미 : 밖에 나가서 놀면 되잖아요?

유　성 : 엄마가 밖에서 못 놀게 해요. 할 일 다 하고 나가라고. 할 일 다 하면 밤이니까 못 나가요.

부모들이 인터뷰 촬영화면을 보는 동안 나는 다시 그림을 그렸다.

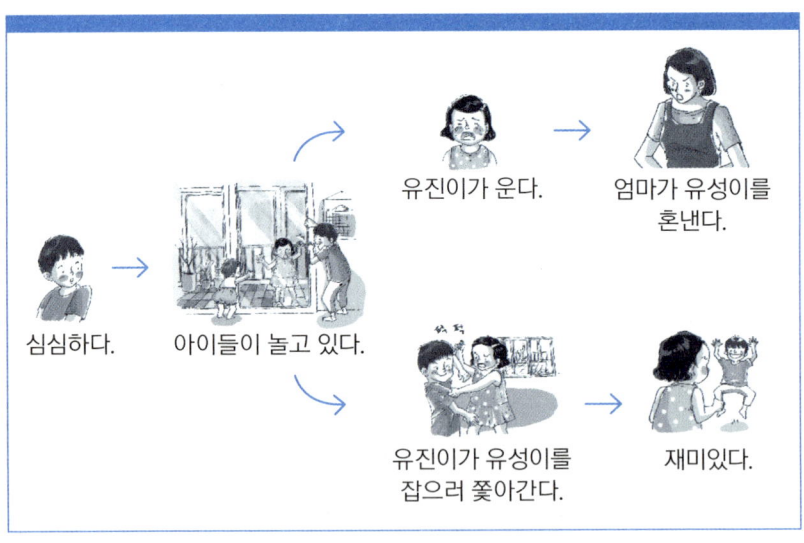

조선미 아이들의 행동에만 초점을 맞추면 이런 그림이 됩니다. 맞나요? 이 그림 속에서 볼까요? 유성이는 심심해서 유진이를 건드리게 된다고 했어요. 그런데 건드리기만 하면 유진이가 울음을 터뜨리니 심심한 유성이로서는 하나의 재미있는 놀이였을 것 같아요. 건드리면 반응이 오는 게 재미있으니까 이런 행동이 점점 강화되겠죠. 강화된 행동은 더 자주 나타나게 되고, 아무리 엄마가 야단을 쳐도 이런 행동은 줄어들지 않았겠지요.

○○맘 와! 아이들이 싸우는 데도 이런 맥락이 있네요. 그냥 '저 녀석들 또 싸우는구나. 내가 지겨워서 못 살아!' 이런 생각만 했는데. 듣고 나니 아주 다른 상황으로 보여요.

조선미 자, 이제 '유진이가 운다'에 초점을 맞춰볼까요? 우선 유성 어머니는 왜 유진이가 오빠와 다투다가 매번 운다고 생각하세요?

유성맘 오빠가 괴롭히니까 속상해서 울겠지요.

조선미 유진이가 울면 어떤 결과가 오는지 보시겠어요?

유진이가 운다. 엄마가 유성이를 혼낸다.

유성맘   그럼, 엄마를 믿고…… 그럴 리가요. 애들이 정말 그렇게 영악한가요?

조선미   편견을 갖지 말고 있는 그대로 보세요. 유진이도 유성이와 몸싸움도 하고 자기가 때리고 싶을 때는 오빠를 때리기도 합니다. 여기까지는 유성이와 크게 다르지 않아요. 다만, 불리하다 싶을 때는 울음을 터뜨리는데, 그 결과는 항상 엄마가 달려오고 오빠가 혼나는 것으로 상황이 끝납니다. 그럼 유진이 입장에서 약이 오르고 속상할 때 그냥 참고 견딜 가능성이 높을까요, 아니면 울어버릴 가능성이 높을까요?

편견을 갖지 말라고 했지만 부모들은 방금 들은 사실을 이해하려고 애쓰는 모습이다. 일곱 살짜리가 그렇게 머리를 쓴다는 게 믿어지지 않는 듯했다.

좋은 결과를 얻는 쪽으로 행동이 변하는 것은 애나 어른이나 마찬가지이다. 부모들도 마음은 그렇지 않은데 아이들이 잘못을 하면 아이들에게 좋게 타이르기보다는 소리치고 화낼 때가 더 많다. 왜 그럴까? 소리치고 화냈을 때 아이들이 더 빨리 말을 듣기 때문이다. 핵심은 행동 하나만 놓고 보는 게 아니라 행동이 나타난 맥락과 그 결과에 주목해야 한다는 것이다.

맥락과 결과에 주목하기

유성맘 그럼 어떻게 해야 하는 거지요? 아까 무조건 아이를 혼내기 전에 상황을 알아보라고 하셨는데 그것만 하면 되나요?

조선미 아니요. 각 포인트마다 얼마든지 엄마가 개입할 여지가 있습니다. 하나씩 생각해볼까요? 첫째로 아이들이 싸우게 되는 상황을 보면 잘 놀다가 서로 몸싸움을 하면서 싸움으로 번지게 되는 경우가 제일 많습니다. 그래서 우선 놀이를 할 때 규칙을 정해줄 수 있습니다. 아이들에게 '어떤 일이 있어도 서로 때리면 안 돼. 때리면 엄마한테 혼나는 거야'라고 일러놓고, 만일 때리는 일이 있으면 상황과 관련 없이 먼저 때린 아이를 혼내면 점차 때리는 횟수가 줄어듭니다.

유성맘 서로 때리지 말아야 한다는 건 아이들이 당연히 알고 있는 것 아닌가요?

조선미 때리지 말아야 한다는 걸 아는 것과 그걸 행동에 옮기는 것은 다르지요. 말로 해서 다 되면 여기에 앉아계시겠어요?

둘째는 아이들의 놀이가 다툼으로 가는 계기에 신경을 써야 합니다. 서로 한두 번 툭툭 친다거나 장난감이 망가졌다거나 하는 식으로 싸움에 확 불이 붙는 시점이 있어요. 힘들어도 아이들 상황에 신경 쓰고 있다가 분위기가 이상해질 때 그 순간을 놓치지 말고 아이들을 떼어놓으세요. 혹시라도 누군가 먼저 때렸으면 정한대로 규칙을 적용하고요.

셋째는 유진이가 울 때 보이는 반응을 바꿔보세요. 지금까지 유진이가 울면 자동적으로 유성이를 혼냈는데 그러지 말고 일단 아이들을 떨어뜨려 놓으세요. 그리고 감정이 좀 가라앉으면 그때 유진이에게 속상했겠다고 잠시 다독여주는 행동으로 바꿔보세요. 그러면 우는 행동도 줄어들고 자연히 유성이가 유진이를 건드리는 횟수도 줄 겁니다.

이제는 부모들에게 기회를 줄 차례였다.

조선미   또 개입할만한 부분이 있는지 찾아볼까요? 각각의 상황이 어떻게 연결되는지 봤으니까 어디를 어떻게 바꿔주면 상황이 변할지 생각해보세요.

○○맘   이런 것도 되나요? 유성이가 밖에 나가지 못 하니까 심심해하잖아요. 낮 시간에 얼른 할 일을 하고 밖에서 좀 놀게 하면 부딪치는 시간이 적으니까 좀 낫지 않을까요?

조선미   맞아요. 그런 식으로 생각하시면 됩니다. 관점을 달리해서 보면 화내거나 소리치지 않고도 아이 행동을 변화시킬 수 있는 방법이 많습니다. 벌어진 상황에 대해 무조건 화내기보다는 그 맥락을 짚어보면 전후에 분명 뭔가 방법이 있을 거예요.

주혁맘   우리 애는 이제 다섯 살인데, 어린애도 저런 식으로 행동할까요? 제가 볼 때는 그때그때 되는 대로 행동하는 것 같은데. 그리고 저는 저렇게 맥락과 결과를 잘 파악할 수 있을지 자신이 없어요.

주혁 엄마였다. 다섯 살인 주혁이는 떼가 심한데다 밑으로 갓난아기까지 있어 두 아이 치다꺼리하고 싸움을 말리느라 주혁 엄마는 하루하루가 힘겹다고 했다.

우리는 주혁이네 일과를 찍은 촬영화면을 보기로 하였다.

#2. 엄마가 아침밥을 차려놓았는데도 주혁이는 카메라에만 호기심을 보인다.

화면이 끝나자 여기저기서 한숨 소리가 들렸다. 어느 집안에서나 흔히 볼 수 있는 풍경이지만, 애 키우는 게 정말 쉽지 않다는 걸 절감하는 듯했다.

조선미 자, 주혁이네 상황도 한번 분석해볼까요? 우선 엄마가 밥을 먹으라고 했는데도 주혁이가 전혀 말을 듣지 않고 무시하네요. 그 이전의 행동은 무엇이었죠?

주혁맘 주혁이가 카메라를 갖고 노는 거요.

조선미   좋습니다. 그 다음에는 엄마와 실랑이를 벌이죠. 그럼 결과는 무엇이지요?

○○맘   결국 밥을 먹었네요.

조선미   정말 그것일까요? 주혁이 입장에서 좀 더 즉각적으로 주어지는 것이 있어요. 여러분은 엄마가 여러 번 타이르고 달래고 나서야 주혁이가 밥을 먹는 것을 보셨어요. 바로 그 첫 시점으로 돌아가보죠. 카메라를 갖고 노는데 엄마가 옆에서 밥을 먹으라고 합니다. 그걸 무시하고 난 다음 주혁이가 하는 게 뭐지요?

잠시 잠잠했다. '무슨 일이 있었다는 거지? 내가 뭘 놓치고 봤나?'라며 옆 사람에게 물어보는 사람도 눈에 띄었다. 잠시 후 자신 없이 조그맣게 말하는 소리가 들렸다.

주혁맘   혹시, 이런 건가요? 애가 더 놀잖아요. 카메라를 만지작거리고. 그게 엄마 말을 무시한 결과라는 건가요?

조선미   바로 맞히셨어요! 아이가 그걸 계산해서 일부러 하는 게 아니라 자연스러운 흐름입니다. 보통 어머니들이 야단치면 한 번 말하고 바로 어떤 행동을 취하지는 않지요? 엄마가 좋게 타이를 때 그 말을 듣지 않으면 몇 초든 몇 분이든 하던 놀이를 더 할 수 있는데, 그게 아이가 얻는 결과입니다.

한 엄마가 수긍하기 어렵다는 듯 불만스럽게 말했다.

○○맘   그건 애를 너무 나쁘게 보는 것 아닌가요? 애들이 그렇게까지

머리를 써서 엄마를 조종한다는 건가요? 그럼 엄마는 처음부터 소리를 질러야 한다는 거네요?

조선미 제가 좀 전에 말씀드렸듯이 이런 행동은 생각해서 나온 게 아닙니다. 아이들이 놀이에 몰두하고 있는데 엄마가 뭐라고 하면 대부분 그 소리가 귀에 잘 들어오지 않습니다. 몇 번을 무시해도 어떤 결과가 주어지지 않으면 그냥 버티기 쉽습니다. 예를 들어볼까요? 여러분이 운전 중에 규칙을 위반해서 벌금을 내라는 통지서가 왔습니다. 지정한 날짜까지 벌금을 안 내면 다시 통지서가 날라옵니다. 또 안 내면 다시 기간이 연장됩니다. 이럴 경우와 만일 벌금을 제때 안 내면 연체료가 더해질 경우를 비교했을 때 날짜를 잘 지킬 확률이 어느 경우에 더 높을까요? 연체료가 없다고 늦게 낸다면 잘못이 없는 걸까요?

웅성거림을 뒤로 하고 나는 칠판에 다음과 같이 썼다. 그리고 내용을 충분히 이해할 수 있도록 잠시 옆으로 비켜서 있었다.

상 황	아이 행동	결 과
카메라가 있다.	엄마 말을 무시한다.	조금 더 논다.
옆에서 타이른다.	엄마 말을 무시한다.	놔두고 간다고 한다.
옆에서 타이른다.	엄마 말을 무시한다.	쥐포를 준다.

주혁이는 엄마 말을 무시하면 자기가 원하는 결과, 즉 갖고 놀고 싶은 장난감을 더 오래 가지고 놀 수 있기 때문에 엄마를 무시하는 행동이 강화된다. 강화된 행동은 이후에도 또 나타날 가능성이 높다. 따라서 엄마의 말은 점점 더 효과가 없어진다. 그런데 주혁이가 유일하게 반응을 보이는 건 주혁이를 두고 가버린다고 하거나 혹은 주혁이가 좋아하는 뭔가를 준다고 말할 때이다.

한두 명씩 허탈한 표정을 짓는다. 이들은 이제 아이들이 왜 야단을 맞으면서도 하지 말라는 행동을 끝까지 하는지, 왜 그렇게 자주 아이스크림을 사줘야 했는지를 조금씩 이해하기 시작한 것이다.

조선미 아직도 아이들이 작은 악마처럼 느껴지세요?

주혁맘 이제 조금 이해가 가요. 아이 입장에서 무서운 일이 생기거나 뭔가 입에 물려줘야 말을 듣는다는 거네요. 잔소리는 소용없고.

조선미 그럼, 이제 어떻게 하는 게 좋은지 생각해볼까요?

○○맘 우선 카메라를 없애야겠네요.

○○맘 쥐포도 주지 말고, 위협도 안 되고, 그럼 옆에서 숟가락을 들고 떠먹여야 하나? 아니지, 그럼 엄마가 먹여주니까 더 말을 안 듣겠네요.

여러 말들이 오고갔지만 금방 좋은 방법이 떠오르지 않는 것 같았다.

조선미 제가 정리해볼게요. 우선 엄마가 지금 주혁이에게 하는 말들은 효과적이지 않다는 점을 아실 필요가 있어요. 엄마와 주혁이의 대화를 보면 주혁이는 '싫어, 안 해' 아주 간단한 문장만을 말하는데 어머니는 길게 말하는 편이에요. 밥 먹자고 타이를 때 뭐라고 하셨는지 기억나세요?

'밥 안 먹을 거야? 그거 만지면 이놈하고 혼날 텐데, 그만하자. 응? 빨리 가서 밥 먹자. 밥 먹어야 유치원 가지'라는 식으로 길게 이어졌어요. 그렇게 말하는 동안 주혁이가 어떻게 했는지 보셨어요? 안타깝게도 그때 주혁이는 카메라에만 관심을 보였어요. 아직 나이가 어려서 그렇게 긴 말을 이해하지 못할 뿐 아니라 그렇게 늘어지는 시간 동안 놀 수 있기 때문에 이런 식의 대응은 전혀 효과가 없습니다.

이 상황을 바꾸려면 주혁이의 행동에 즉각적으로 대처해야 합니다. 밥 먹을 때가 되면 '식탁에 앉아'라고 하시고 두 번 정도 말해서 안 들으면 안아서 앉혀야 합니다.

경민맘 우리 경민이는 하고 싶은 일이 있거나 갖고 싶은 게 생기면 끝까지 조르고 떼를 써요. 어떤 때는 말도 안 되는 걸 갖고 떼를 쓰는데, 지금 들어보니 어른들 잘못이 많은 것 같아요. 저희 집 상황도 보면서 한번 짚어주세요.

우리는 바로 경민이네 촬영화면을 보았다.

#3. 엄마가 경민이와 동생 경주에게 딸기 맛과 초콜릿 맛 아이스크림을 두 개씩 주었다.

화면이 끝났는데도 두 아이의 울음소리가 여전히 들리는 것 같았다. 저런 일을 매일 겪으려면 경민 엄마의 체력이 좋아야겠다는 생각이 들었다. 나는 칠판에 상황을 적어 정리했다.

상 황	문제행동	결 과
아이스크림이 있다.	초코 먼저 먹으라고 떼를 쓴다.	엄마가 동생을 달랜다.
아이스크림이 있다.	초코 먼저 먹으라고 떼를 쓴다.	콜라를 마신다.

○○맘　경민 엄마 정말 대단해요. 저 같으면 저런 상황을 못 견딜 것 같은데 어떻게 그렇게 참을성이 좋아요?

조선미　저도 궁금했어요. 누가 봐도 경민 어머니는 최선을 다해 두 아이 모두 만족하게 하기 위해 노력하셨어요. 남다른 행동이나 강렬한 감정 뒤에는 자동사고가 있다는 것을 지난 시간에 이야기했는데 이번에도 도움이 될 것 같아요. 경민 어머니, 아이가 원하는 것을 얻지 못 하면 어떤 생각이 드세요?

경민맘 다른 분들도 전부 저처럼 하시지 않나요? 저는 엄마로서 당연하다고 생각하는데.

부모들 아니오! 힘들어서 어떻게 그렇게 해요?

어림도 없다는 투의 대답이 여러 사람의 입에서 나왔다.

조선미 경민 어머니는 아이들 간에 일어나는 모든 갈등을 엄마가 다 해결해야 한다고 생각하는 건 아닌가 싶어요. 또 아이가 속상해하면 '내가 뭔가 잘못 하는 거야' 하는 생각도 있을 것 같아요. 자동사고를 스스로 짚어보는 것은 숙제로 내드릴 테니까 아이가 울거나 떼를 쓸 때 어떤 생각이 드는지 집에 가서 생각해보세요.

경민 엄마의 표정을 보니 뭐가 문제라는 건지 납득이 잘 안 되는 듯했다. 우선 경민 엄마의 생각부터 바꿔야 한다. '형제간에 싸우지 않는 아이들은 없다. 아무리 엄마라도 원하는 것을 다 들어줄 수는 없다. 적당한 좌절이 오히려 도움이 된다'는 생각을 인정해야 한다. 아까의 상황에서 두 아이는 어떻든 끝까지 버티면 엄마가 상대방을 설득해주니까 무조건 버텼던 것이다. 아이가 잘못된 행동을 한다고 생각될 때는 뭔가를 주지 말아야 떼쓰는 행동이 줄어든다. 또, 일단 안 된다고 했던 것을 떼를 쓴다고 들어주면 그건 계속해서 떼쓰라고 가르쳐주는 거나 마찬가지다.

분위기가 좀 소란스러워졌다. 상황을 제대로 이해하지 못 해 아이를 다그친 걸 후회하는 부모도 있고, 그래도 아직 아이의 행동을 충분히 이해할 수 없다고 걱정하는 부모도 있었다.

조선미   상황의 맥락과 결과에 주목하기는 지난 시간에 배운 자동사고와 함께 아이들을 이해하고 아이와의 관계를 회복하는 데 큰 도움이 될 겁니다. 이번 주 숙제는 지금까지 자동적으로 대응해왔던 상황을 아이가 잘못된 행동을 하기 전과 후로 나누어서 보고, 부모가 어느 시점에 어떻게 개입할지를 생각하신 후 실제로 해보는 겁니다. 이 방법은 특히 어린아이들한테는 효과적일 겁니다.

○○맘   왜 어린아이들에게 더 효과가 있다는 거지요?

조선미   어린아이들은 지금 막 새로운 규칙들을 배우는 시기이고, 좋지 않은 습관이 있긴 해도 아직 굳어지지 않았기 때문에 약간만 노력하면 쉽게 고칠 수 있어요.

○○맘   그럼 큰 아이들은요?

조선미   제가 어린아이들이라고 한 것은 다른 측면도 있어요. 어린아이들은 아직 부모하고 관계가 많이 나쁘지 않은데 비해 큰 아이들은 갈등이 반복되면서 관계가 심각한 수준으로 나빠졌을 가능성이 더 높지요. 부모와 아이의 관계가 나쁠수록 아이들은 부모가 하는 어떤 노력에도 반응을 잘 보이지 않습니다. 당연한 결과이지요. 어른들도 좋아하는 사람의 의견은 기꺼이 따르지만 그렇지 않은 사람에 대해서는 마지못 해 하거나, 하더라도 열심히 안 하는 경우가 많잖아요.

자, 그래서 다음 시간에는 그동안 아이와 쌓여온 갈등을 해결할 방법에 대해서 이야기를 나눌 거예요.

실망감이 금방 희망과 기대로 바뀌는 것이 보였다. 아이와의 관계를 회복하는 것이야말로 부모토론학교의 가장 큰 목표가 아니었던가. 그 어려운 숙제를 풀 수 있다면 지금 우리가 투자하는 시간과 노력은 아무것도 아닐 터였다.

요약노트

아이와의 관계 파악하기

1 아이 행동 들여다보기
- 잘못된 행동이 나타나기 전에 어떤 상황이었는지 살핀다.
- 아이 행동이 어떤 결과를 가져왔는지 알아본다.

    예) 가방을 챙기라고 한다. → 제대로 챙기지 않는다.
    → 준비물을 학교에 갖다준다.
    결과) 가방을 쌀 때 꼼꼼하게 확인하지 않는다.

    예) 컴퓨터 게임을 한다. → 끄라고 말만 한다. → 컴퓨터를 끄지 않는다.
    결과) 말을 한 번에 듣지 않는다.

    예) 과자를 사달라고 조른다. → '이번 한 번만' 하고 들어준다.
    → 과자를 사준다.
    결과) 과자가 먹고 싶을 때마다 조른다.

2 맥락과 결과에 주목하기
- 잘못된 행동 이전의 상황을 바꾼다.

    예) 가방을 챙길 때는 텔레비전을 끄고 다른 행동을 못 하도록 엄마가 옆에서 지켜본다.
    예) 컴퓨터에는 시간을 조절하는 차단 프로그램을 설치한다.
    예) 마트에 물건을 사러 갈 때 과자 코너를 피해서 돌아간다.

- 아이 행동의 결과를 바꾸어준다.

    예) 준비물을 빠트려도 갖다주지 않는다.
    예) 한 번 지시해서 듣지 않으면 바로 행동에 옮긴다.
    예) 사소한 것이라도 한 번에 말을 들으면 칭찬을 많이 해준다.

> 2강

아이와의 관계를 회복하는 방법

강의실에 들어서니 부모들이 한곳에 모여서 웅성거리고 있다. 가만히 보니 지난 토론시간에 관심의 초점이 되었던 유성 엄마가 뭔가를 열심히 이야기하고 있었다.

조선미   유성 어머니, 지난 한 주 동안 잘 지내셨어요? 그런데 뭐 좋은 일이 있었나 봐요?

유성맘   제가 사실 그동안 큰애라고 무조건 유성이만 야단쳤잖아요. 그런데 지난 시간에 아이의 마음을 알고 나서 '내 생각을 바꿔야겠구나' 하는 생각을 많이 했어요. 마침 그날 유성이가 준비물로 어릴 적 사진을 가져가야 한다기에 아기 때 찍은 사진을 찾았어요. 그걸 보는 순간 '우리 유성이도 이렇게 예쁜 아들이었구나' 하는 생각이 들면서 마음이 짠해지더라고요. 그래서 사진을 냉장고에 붙여놓았어요. 사진을 보면서 유성이도 아직 어리다고 마음에 새기려고요.

○○맘 (유성 엄마의 옆구리를 찌르며) 그것만이 아니잖아요.

유성맘 좀 쑥스러운데, 아이들과 서로 별명을 만들어봤어요. 아이들은 엄마가 어떤 엄마였으면 하는 바람을, 엄마는 아이가 어떤 아이였으면 하는 바람을 별명에 담기로 했어요. 그랬더니 아이들은 제가 화를 안 냈으면 좋겠다며 '부드러운 엄마'라고 지어줬어요. 저는 유성이가 너그러워졌으면 해서 '참을성 많은 유성', 우는 소리 많이 하는 둘째는 '웃는 둘째', 아기 같은 막내에게는 '의젓한 막내'라고 붙였는데, 그게 효과가 있었어요.

조선미 정말 잘하셨네요! 박수라도 한 번 쳐드리면 좋겠어요.

'와아!' 하는 탄성과 함께 박수소리가 났다.

조선미   유성 어머니처럼 지난 한 주 동안 변화를 경험한 분 또 계세요?

주혁맘   우리 주혁이는 이제 밥을 잘 먹어요.

수줍게 말하는 주혁 엄마를 향해 이번에도 부모들은 '와!' 하며 박수를 쳤다. 모두들 내 일처럼 기뻐하고 감탄했다.

조선미   잘하셨어요! 지난 주에 내준 숙제를 아주 열심히 하셨나봐요? 상황만 조금 바꿔주면 아이들 행동이 달라지는데 그동안 괜한 고생을 하셨네요.

이제 본격적으로 아이와의 관계를 회복하는 방법에 대해 토론할 시간이 다가왔다. 부모와 아이 관계는 사람들이 이 세상에서 맺는 모든 관계 중 가장 기본적인 관계이고, 성인이 된 후에 다른 사람들과 맺는 관계의 기본 틀을 형성한다. 아이와의 행복한 관계를 유지하기 위해서는 무엇보다도 아이와 부모 사이의 안정된 애착관계가 기본이 되어야 한다.

이야기를 쉽게 풀어가기 위해 우선 아이와 부모 사이에 어떤 일로 관계가 상하는지 좀 더 구체적으로 이야기를 나누는 게 좋을 것 같았다.

긍정적인 상호작용 & 부정적인 상호작용

조선미   꼭 아이와의 관계에만 국한시킬 필요는 없어요. 내가 만나는 사람 중에 관계가 좋지 않은 사람을 떠올려보세요.

○○맘   시어머니요! 결혼할 때부터 저를 못마땅해 하셔서 제가 뭘 해도 잘했다 소리 한 번을 안 하세요. 초반에는 어머니 마음에 들어보려고 노력도 많이 했는데, 어차피 어떻게 해도 소용없다는 걸 알고 나니까 이제는 포기했어요.

○○맘   반대 경우도 가능한 것 같아요. 저희 옆집 아이 엄마가 아이들한테 어찌나 공부를 많이 시키는지 그 집 아이들을 보면 정말 불쌍해요. 우리 아이들이 놀이터에 가서 놀면 그걸 부러운 듯이 쳐다보더라고요. 물론 엄마 입장에서는 기대가 커서 그렇겠지만 자기 기준만 강요하다 보면 관계가 상할 것 같아요.

○○맘   저는 좀 흉이 될 것 같은데, 친정어머니가 젊었을 때부터 자신밖에 모르는 분이었어요. 아버지가 벌어오는 돈으로 좋은 옷 사 입고 친구들과 놀러 다니고 자식들한테는 별로 베풀지를 않았어요.

조선미   그렇다면 나를 인정해주지 않는 사람, 자기 기준을 강요하는 사람, 내 기분이나 바람보다 자신의 욕구가 우선인 사람과는 좋은 관계를 맺기 어렵다고 정리해도 되겠네요.

우리는 다양한 이유로 중요한 사람들과 좋은 관계를 맺지 못한 채 살아가는 경우가 많다. 그럼 지금까지 이야기했던 것을 나와 아이 사이에 대입해보면 어떨까? 나는 아이를 긍정적으로 지켜보고 인정해주고, 아이 눈높이에 맞추어 기대하고 격려해주는 부모인가? 부모들의 표정이 순식간에 경직되는 게 보였다.

○○맘   왜 지금까지는 그렇게 생각을 못 했을까요? 반대되는 모습을 아이한테 보였네요. 내가 좋아하는 사람이 나한테 해주듯 해야 한다는 사실을 어쩌면 한 번도 생각하지 못 했을까요?

조선미   어른이라도 남의 입장이 되는 것은 그리 쉬운 일이 아닙니다. 그렇다고 너무 걱정하실 필요는 없어요. 아이와 좋은 관계를 맺으려고 한 번도 화를 안 내거나 싫은 것을 시키지 않을 수는 없습니다. 그건 바람직하지도 않고요. 어차피 가정에서는 부모가 칭찬도 하고 야단도 치고 그런 일이 일상이지요. 그런데 관계라는 것은 그런 한두 번의 일로 좋아지거나 나빠지지 않습니다.

이해를 더 쉽게 할 수 있도록 나는 저금통장을 예로 들어 설명했다. 내가 통장을 갖고 있는데 거기에 돈을 저금할 수도 있고 찾을 수도 있다. 저금한 돈이 찾은 액수보다 많으면 통장에는 잔액이 있을 거고, 인출한 돈이 더 많으면 통장이 마이너스가 된다. 관계에서는 부모와 아이 간의 긍정적인 상호작용이 저금한 돈이 되고, 화를 낸다거나 야단친다거나 하는 부정적인 상호작용은 찾은 돈이 된다. 그래서 긍정적인 상호작용이 부정적인 상호작용보다 많으면 그 관계는 괜찮다. 문제가 되는 것은 부정적인 상호작용이 긍정적인 상호작용을 압도하는 경우이다.

자, 그럼 그동안 아이에게 웃어주고, 격려해주고, 인정해준 횟수와 야단치고 화내고, 무시했던 횟수를 비교해보자. 어떤 경우가 더 많았을까? 지금까지 칭찬을 더 많이 해주었다는 부모를 만나는 일은 드물었다. 이번에도 마찬가지였다. 부모들의 표정을 보니 금방 알 수 있었다.

아이 존중하기

동수 엄마는 초등학교 2학년인 동수와 심각한 갈등을 겪어왔다. 갈등이 시작된 지 2년이 넘었다는 말에 엄마와 동수의 관계가 많이 상했을 거라고 짐작했는데 아니나 다를까, 동수는 '엄마와 함께 공부하는 게 세상에서 제일 싫다'고 털어놓았다. 또 가족이 다 함께 모여있는 장면을 그리라고 하자 엄마를 자기와 멀리 떨어진 곳에 그려 넣어서 엄마에 대한 감정적인 거리감을 표현했다.

더 늦기 전에 엄마가 동수와의 관계를 회복하지 않으면 상황이 더욱 힘들어질 것 같았다. 나는 엄마와 동수의 갈등 상황이 담긴 촬영화면을 보고 난 후 이야기해보자고 제안했다.

#1. 문제집을 풀라고 했는데 답을 대충 적어 넣고 게임을 하러 간 동수. 화가 머리 끝까지 치민 엄마. 동수를 불러 문제를 다시 풀게 한다.

화면이 끝나자 여기저기서 "쯧쯧!" 하는 소리가 들려왔다. 동수 엄마의 화나는 심정도 이해되지만, 엄마한테 혼나고 우는 동수가 안쓰럽다는 반응인 것 같았다. 동수 엄마는 아이를 다그치는 자신의 모습을 보고 당황스러운 듯했지만, 그러면서도 그때의 감정이 되살아나는지 흥분된 어조로 말했다.

동수맘 동수는 제가 시키지 않으면 공부나 숙제를 할 생각을 안 해요. 공부할 때도 집중하지 않아서 방금 배운 문제를 다시 풀어보라고 하면 모른다고 해요. 아이를 키우는 데 도움이 되지 않는 비합리적인 자동사고를 바꿔나가야 한다고 하셨지만, 저는 동수의 그런 행동을 보고 있으면 자꾸만 '엄마를 무시하고 반항하는 거야', '커서도 저럴 게 틀림없어'라는 생각을 떨쳐버릴 수가 없어요.

나는 동수 엄마가 가진 자동사고가 아이에게 어떻게 표현되고, 아이가 거기에 대해 어떻게 반응하는지 이해할 필요가 있다고 생각했다.

조선미   어머니는 동수가 숙제나 공부, 알림장 준비를 하지 않을 때마다 지금 화면에서 본 것처럼 소리 지르고, 화내고, 야단치셨어요. 그러면 동수는 불만스럽게 투덜대고, 눈을 치뜨거나 반항적인 태도를 보이다가 엄마한테 더 크게 혼이 나 결국 울어버리죠. 즉, 어머니가 사용한 방법은 한 번 말해서 안 들으면 더 화내고 야단치는 것이었죠. 그 결과는 무엇인가요? 동수가 말을 잘 들었나요?

동수맘   아니요. 일단은 대들죠. 더 투덜대고 반항하고.

조선미   어떤 아이들은 부모가 심하게 야단을 치면 위축되거나 우는데 어떤 아이들, 특히 기질이 강한 아이는 부모와 맞서서 같이 화내고 대드는 행동을 보입니다. 이런 아이를 상대하려면 부모는 아이에게 더 화를 내는 수밖에 없습니다. 이런 식의 악순환이 반복되면 부모와 아이는 자신의 감정이나 의사를 전달하기 위해 강한 표현방법을 쓸 수밖에 없는 상황에 이르게 됩니다. 즉, 경쟁하듯 세게, 더 세게 반응하는 관계가 되는 거죠.

○○맘   그럼 꼭 매를 들어야만 말을 듣는 경우도 여기에 해당하나요?

조선미 예, 맞습니다. 정확하게 이해하셨네요. 보통은 부모가 말로 하다 안 되면 매를 들잖아요. 그런데 아이에 따라 매 맞을까 봐 말을 듣는 아이도 있지만, 어떤 아이들은 부모가 가끔 요구를 들어주기도 하니까 끝까지 가보는 아이들도 있습니다. 그런 아이들이 지금 말씀하신 것처럼 부모가 매를 들면 그제서야 정말 들어주지 않을 거구나 하고 말을 듣는 경우입니다. 일단 관계가 이런 식으로 형성되면 바꾸기 어렵기 때문에 부모는 관계를 회복하려면 많은 노력을 기울여야 합니다.

동수맘 그러면 동수가 말을 안 듣는 게 부모에게 반항심이 있어서 그런 게 아니라는 말씀인가요?

동수 엄마는 선뜻 받아들이기가 어려운 것 같았다. 다른 누군가가 말해주는 게 더 좋을 것 같아 나는 잠시 시간을 두고 기다렸다.

○○맘 저도 동수 엄마와 같은 생각을 많이 했어요. '어린 게 벌써부터 부모를 무시하고 우습게 보면 큰일이다. 어떻게 해서든지 지금 잡아야 된다'고 생각해서 그때마다 무섭게 대했어요. 그런데 그럴수록 아이가 더 반항하고 대들더라고요. 그래서 한번은 물어봤어요. 왜 사사건건 부모한테 대들고 반항하냐고요. 그런데 아이의 대답을 듣고 제가 충격을 받았어요.

동수맘 뭐라고 했는데요?

○○맘 엄마가 나를 무시하고 인정하지 않고 화만 내서 그런다고 하더

라고요. 제가 딱 아이한테 그렇게 생각하고 있었거든요. 그때 깨달았어요. '아! 아이는 내가 자기에 대해서 생각하는 대로 나를 생각하는구나, 내가 아이를 인정해줘야 아이도 나를 존중하겠구나!' 싶었어요.

내 경험으로 볼 때 아이와 부모의 관계가 회복되면 아이의 잘못된 행동은 반 이상 해결된다. 말 안 듣고 떼쓰던 아이, 숙제를 안 해서 속을 태우던 아이들이 부모와의 관계가 회복되면서 놀랄 만큼 밝고 적극적으로 변하는 것을 많이 보았다. 아이들은 사랑받고 인정받는다는 느낌을 갖고 자라나는 게 중요하다.

합리적으로 문제해결하기

수현맘 저는 남편과 나이 차이가 많이 나는 편이에요. 결혼 후 거의 싸우지 않았는데 수현이를 낳고 나서 부부싸움이 잦아졌어요. 남편과 저의 교육방침이 너무 달라서 많이 부딪치고 짜증 부리거나 화내는 일이 많았는데, 엄마 아빠의 그런 모습이 수현이한테 좋지 않은 영향을 미친 것 같아 미안해요.

듣고 보니 수현이네는 아빠가 보수적이고 권위적인 편이라 아이에게 너무 엄격하게 대해서 힘들다고 했던 것이 기억났다. 우리는 수현이와 아빠의 모습을 직접 살펴보기로 했다.

#2. 저녁 식사 시간, 수현이가 수영을 하기 싫다고 말한다.

○○맘　아빠가 굉장히 무섭네요! 엄마가 많이 힘들겠어요.

수현맘　남편이 예의범절을 중요하게 여겨 수현이가 두 돌이 되기 전부터 어른한테 인사하라고 가르치고, 안 하면 심하게 혼을 냈어요. 애한테 너무한다는 생각이 들어 남편하고 싸울 때가 많았어요. 그러다 보니 아빠가 화낼 것 같으면 수현이가 눈치를 채고 내 입을 막거나 자기가 알아서 상황을 무마하기도 했어요.

조선미   수현이가 자기 때문에 엄마 아빠가 다툰다는 걸 알고 부담을 많이 느끼나 봐요?

수현맘   얼마 전에도 수현이가 엄마 아빠가 자기 때문에 싸우는 게 제일 싫다고 소리를 지른 적이 있어요. 그때까지도 심각하게 받아들이지 않았는데, 이제 보니 아이가 상처를 많이 받았을 것 같아요.

조선미   어른들 입장에서는 그러려니 할 수 있어도 아이 입장에서 엄마가 나 때문에 혼난다는 건 무서운 일이고 죄책감을 느낄 수도 있습니다. 자기는 힘이 약해서 엄마를 보호해줄 수도 없는데, 자기 때문에 엄마가 혼난다는 건 아이에게 극심한 불안감을 줄 수 있어요.

수현맘   그럼 어떻게 해야 되죠? 안 그래도 애가 너무 예민하고 집에서만 아니라 밖에서도 누가 화를 내면 그 상황을 못 견디는데, 그냥 두면 안 되겠지요?

수현 엄마는 점점 더 걱정이 되는 듯했다.

부모라 하더라도 아이를 대하는 태도가 서로 일치하기는 힘들다. 고집부리는 아이에게 장난감을 사줄 것인지 말 것인지, 밥을 먹지 않겠다는 아이에게 억지로 먹일지 굶길지를 놓고 다투지 않아본 부부는 없을 것이다. 그런데 이렇게 아이 교육에서 부부간 의견이 다른 것은 그 자체로 큰 문제가 아니다. 문제는 이 의견 불일치를 부모가 어떤 방식으로 풀어나가느냐에 있다.

부부가 서로 다른 의견을 놓고 합리적으로 풀어나가면 그것만큼 큰 교육은 없다. 이 세상은 서로 다른 사람들이 모여 살고 있고, 아이는 장차 자신과 다른 생각을 가진 사람을 만났을 때 어떻게 풀어가야 할지 배울 수 있을 테니 말이다. 그렇지만 부모 중 한쪽이 일방적으로 억누르고 강압적인 태도를 취하거나, 상대방을 무시한 채 각자 자기 방식대로 자녀를 대할 경우 아이는 혼란에 빠지거나 과도하게 눈치를 보면서 성장할 수 있다. 만일 의견일치가 어려운 경우라면 최소한 아이 앞에서는 아이 일로 언성을 높이거나 싸우지 않도록 조심해야 한다.

수현이네는 뭔가 특별한 방법이 필요했다.

조선미 제가 특별히 아빠에게 부탁드린다고 전해주세요. 아빠가 아이에게 관심도 많고 잘 키우고 싶은 욕심도 크신 것 같은데, 오늘 말씀드릴 '특별한 놀이'를 아빠가 직접 해주시면 수현이에게 그보다 더 좋은 아빠의 선물은 없을 거라고요. 그러니까 수현이네는 이번 주 숙제를 아빠가 하셔야 합니다.

아이와의 '특별한 놀이'

조선미 자, 이제부터 아이와의 관계를 회복하는 간단하지만 효과적인 비법을 알려드리겠습니다. 긍정적인 상호작용을 **빠르고 쉽게** 늘려주는, 일명 아이와의 '특별한 놀이'입니다. 놀이를 간단히 설명하면, 아이와 일대일로 마음껏 놀아주는 시간을 갖는 것입니다. 하루에 20분 정도 아이가 원하는 놀이를 부모가 함께 해준다면 아이에게는 특별한 시간이 되겠지요?

✓ 아이와의 특별한 놀이

* 하루에 20분, 일주일에 다섯 번 이상 일대일로 특별한 놀이시간을 갖는다.
* 일정한 시간에 하는 것이 좋고, 부모도 다른 일은 미뤄놓고 놀이에 집중한다.
* 놀이는 아이가 원하는 것으로 한다.
* 놀이는 아이가 주도하도록 한다. 엄마가 개입하거나 지시하지 않는다.
* 아이의 놀이를 마치 중계방송 하듯이 반영해준다.
* 텔레비전 시청이나 컴퓨터 게임은 하지 않는다.

○○맘 동생은 어떻게 하지요? 꼭 일대일로만 놀아야 하나요?

예상했던 질문이었다. 특히 어린 동생이 있는 가정에서는 큰아이만을 위해 시간을 내는 게 쉽지 않다.

조선미   원칙적으로는 일대일로 하는 게 가장 좋습니다. 지금까지 동생한테 **뺏겼던** 부모를 잠깐이라도 독점하는 경험이 큰아이한테는 많은 위로가 됩니다. 도저히 안 된다면 동생하고 같이 놀아주는데, 대신 이때는 큰아이에게 집중해서 놀아주어야 합니다.

○○맘   애가 계속 같은 놀이를 하겠다고 하면 어쩌죠? 좀 다양한 놀이를 하도록 유도하는 게 좋지 않을까요?

조선미   놀이는 자연스러운 게 가장 좋습니다. 단순하고 유치한 놀이를 반복하는 것처럼 보일지라도 아이가 계속 하고 싶어 한다면 아이에게는 그 놀이가 지금 제일 재미있는 겁니다. 충분히 즐기고 나면 자연스럽게 다른 놀이도 하고 싶어 하니까 놀고 싶은 대로 놀게 하세요.

○○맘   규칙을 안 지키면요? 저는 몇 번 놀아주다가 애가 제멋대로 규칙을 바꾸고, 졌으면서도 인정을 안 해서 중간에 놀이를 그만둔 적이 많아요. 그럴 때는 어떻게 하지요?

조선미   그 부분이 좀 민감할 수 있는데, 그냥 놀이시간만큼은 아이가 물건을 부수거나 때리지 않으면 아이가 하고 싶은 대로 하게 두세요. 놀이의 목적은 순서나 규칙을 알려주는 게 아니라 아이가 아무런 방해 없이 부모와 긍정적인 상호작용을 마음껏 하는 것입니다.

지원맘　저는 여전히 지원이와 스킨십 하는 게 힘들어요. 놀다 보면 몸을 치대기도 하고 안아달라고도 하는데, 그게 영 편하지 않을 때는 어떻게 하죠?

조선미　너무 복잡하게 생각하지 말고 그냥 숙제다 생각하세요. '이러면 안 되는데, 내가 왜 이러지?' 이런 생각하는데 에너지를 쓰지 말고 '숙제니까 힘들면 이를 악물고라도 한다' 그런 마음으로 하세요.

내 말을 듣더니 지원 엄마가 빙그레 웃는다. '이를 악물고라도 하라면 못 할 건 없지!' 하는 표정이었다. 다른 엄마들의 표정도 살펴보았다. 역시 '이 정도 노력으로 관계가 회복된다면 못 할 것 없지!' 하는 마음인 듯했다.

'이번 일주일 동안 아이들이 행복하겠구나' 하는 생각을 하니 내 마음도 즐거웠다.

며칠 후, 가은 엄마와 수아 엄마가 인터넷 카페에 글을 올렸다.

가은이와의 특별한 놀이

가은맘　선생님, 가은이와의 놀이를 기록해보았습니다. 이렇게 하면 되는지요? 혹시 좋은 의견 있으면 부탁드립니다.

요일	놀이 내용	엄마의 의견	아이의 반응
수	퍼즐 놀이, 책 읽기	놀이를 하자는 말에 너무 좋아하는 가은이가 안쓰러웠습니다. 평소에 하던 놀이를 선택하는 것을 보니 미안한 마음도 들었습니다. 하지만 솔직히 조금은 지루했습니다.	처음이라 그런지 어리둥절해 하네요. 나중에는 좋아했습니다.
목	세계일주 여행	동생들이 오기 전에 얼른 하기로 했는데, 제가 일방적으로 하니까 약간은 약이 올랐습니다. 그러나 좋아하는 가은이 기분에 묻혀 함께 행복했습니다.	물어보니 재미있다, 좋았다고 합니다.
금	무궁화 꽃이 피었습니다	땀이 나서 옷을 벗고 뛰노는 아이들 마음이 이해가 되었습니다. 재미있었고 더 놀고 싶었고, 어린 시절로 돌아간 듯한 느낌에 행복했습니다.	뛰는 내내 좋아서 까르르 웃었고, 매우 재미있다고 하네요. 다음에 또 하기로 했습니다.

조선미 가은 어머니, 가은이와 함께 정말 행복한 시간을 가지셨네요. 글을 읽으면서 저한테까지 그 행복감이 전해지는 것 같았습니다. 세 아이를 키우면서 시간 내기 쉽지 않았을 텐데, 아이를 위해 이렇게 노력하시는 모습을 보니 가은이가 정말 좋은 엄마를 가졌다 생각됩니다.

아마 처음에는 좀 지루하기도 하셨을 거예요. 어른들에게도 분명 즐거운 어린 시절이 있었고 놀이를 하면서 느끼는 즐거움도 있을 텐데, 삶에 쫓기다 보니 놀이를 할 정도의 여유가 없고 점차 놀이가 즐겁지 않게 되었을 거예요.

그런데 조금씩 놀다 보니 점차 재미있으셨지요? 앞으로 놀이는 엄마와 가은이의 관계를 회복시켜주는 매개도 되겠지만, 어머니가 삶의 활력을 찾고 생활에서 즐거움을 느낄 수 있는 기회가 될 겁니다. 그때가 되면 세 아이들도 훨씬 행복해질 거예요. 어머니의 노력에 박수를 보냅니다.

수아와의 특별한 놀이

수아맘 궁금한 게 있어서 질문 드려요. 수아와 특별한 놀이를 하라고 하셨는데, 집에 돌아와 보니 특별히 놀거리가 없었습니다. 그동안 너무 공부에만 치중했더니 변변한 놀잇감 하나 없구나 하는 생각이 들었습니다. 이 기회다 싶어 보드게임 도구를 사왔습니다. 그날부터 매일 수아와 하루에 20분씩 게임을 합니다. 수아는 많이 밝아졌고 놀이시간을 손꼽아 기다립니다.

궁금한 것은 수아가 전에는 안 그랬는데 밥을 먹으면 그릇과 수저를 설거지통에 넣고, 시키지도 않았는데 스스로 자기 방을 치웁니다. 예전에는 엄마가 무섭게 혼을 내도 좀처럼 방청소를 하지 않았는데 요즘은 누가 시키지 않아도 스스로 정리정돈을 척척 해내니 이런 변화가 놀랍기만 합니다. 놀아주기만 했을 뿐인데 이런 변화는 왜 생긴 걸까요? 원래 이렇게 할 수 있는 아이였는데 엄마와의 관계 때문에 제대로 안 한 걸까요?

조선미 수아 어머니, 수아가 그렇게 달라졌다니 저도 참 기쁩니다. 제가 말씀드렸던 것 같은데, 부모와 사이가 좋아지면 아이들은 자신이 가진 능력을 모두 발휘할 수 있게 되어 훨씬 긍정적인 모습을 보이는 경우가 많습니다.

수아는 지금까지 엄마의 관심을 받기 위해 공부에만 노력을 기울여왔습니다. 그러다 보니 어머니와 갈등을 일으키는 숙제나 정리정돈 같은 것에 에너지를 쏟지 못 하고 느린 행동을 보여왔던 것 같습니다. 수아 입장에서는 문제 하나 틀리고 맞는 것에 따라 엄마가 나를 사랑하고 안 하고가 결정된다고 믿으니까 학습에 너무 민감해지고 스트레스를 많이 받았을 겁니다. 이런 관계가 길게 지속되면 자기주도적으로 학습에 노력을 기울여야 하고, 학습량이 많아지는 시기가 됐을 때 아이는 너무 지쳐서 오히려 학습동기가 떨어질 수도 있습니다.

어머니의 관심에 따라 수아가 이렇게 달라지는 것을 경험하셨으니까 이제는 수아를 믿어주고 마음껏 칭찬하며 아이와의 좋은 관계를 만끽하시기 바랍니다.

요약노트

아이와의 관계를 회복하는 방법

1 아이와의 관계 점검하기
- 긍정적인 상호작용이 많은 경우 : 안정적이고 애착이 잘 이루어진다.
- 부정적인 상호작용이 많은 경우 : 관계는 불안정해지고, 부모에 대해 편안함이나 안정감을 느끼지 못한다.
- 칭찬이나 인정하는 반응이 적을 경우 : 사소한 문제라도 쉽게 관계가 상한다.
  - 예 아이와 부모의 관계가 나빠졌을 때 나타날 수 있는 아이의 반응
    - 아이가 부모의 말에 순응하지 않는다.
    - 신경질과 짜증이 잦아진다.
    - 자기를 비하하는 말을 하고 자신감이 떨어진다.
    - 부모의 행동에 무관심하거나, 심지어 무시하는 행동을 보인다.

2 아이와의 관계회복하기
- 가족 간에 평소 자주 대화를 나누고, 서로 의견이 다를 경우 협력해서 의견을 좁혀나간다. 아이 앞에서는 아이 일로 언성을 높이거나 싸우지 않는다.
- 매일 짧은 시간이라도 아이와 특별한 놀이시간을 갖는다.
- 특별한 놀이시간 동안에는 아이에게 온전히 집중하고, 아이가 주도적으로 행동하게 하며, 아이의 행동 하나하나에 대해 긍정적인 관심을 표현한다.
- 아이가 자신의 감정이나 생각을 표현하면 바로 집중해서 들어주도록 한다.

3강
아이 행동 변화시키기

문 밖으로 떠들썩한 웃음소리가 들렸다. 내가 들어가니 다들 상기된 표정에 웃음을 가득 머금은 채 나를 맞아준다.

가은 엄마를 시작으로 '특별한 놀이'를 하면서 재미있었던 일과 아이들의 달라진 모습에 대해 즐겁게 이야기를 들려주었다. 그런데 누군가가 분위기에 맞지 않게 심각한 어조로 "저는 여기 더 안 와도 될 것 같아요"라고 말했다. 모두 의아하게 쳐다보니, 그제야 그 엄마는 빙그레 웃으며 자신의 경험을 이야기했다.

○○맘   지난번에 선생님이 좀 한가하고 마음 편한 시간에 놀이를 하라고 하셨잖아요. 그래서 아이에게 숙제를 다 해야 놀 수 있다고 했더니 그 말이 끝나기도 전에 후다닥 하더라고요. 숙제뿐이 아니에요. 심부름을 시켜도 전 같으면 짜증을 내고 안 했을 텐데, 바로 대답하고 달려가서 하는 걸 보고 오

죽하면 '우리 애가 맞나' 그런 생각이 들었어요. 남편이 보더니 이 정도면 그만 다녀도 되겠다고 하더라고요.

아이와의 관계회복이 아이를 어떻게 변화시켰는지를 단적으로 보여주는 사례였다.

조선미 다들 좋은 시간을 가지셨네요. 아이가 엄마와의 놀이를 얼마나 좋아하는지 몸소 느끼셨을 거예요. 이런 식으로 하루에 몇십 분만 놀아줘도 아이와의 관계는 걱정하지 않아도 될 만큼 좋아질 겁니다. 그리고 부모와 아이의 관계가 회복되면 일상생활도 훨씬 편안해집니다.

동수맘 열심히 놀아줬는데도 아이가 말을 안 들을 때에는 어떻게 해야 하지요? 특별한 놀이는 잘했어요. 그런데 숙제만 시키려고 하면 어찌나 반항을 하는지 제가 감당이 안 돼요. 하루

이틀도 아니고 도대체 어떻게 해야 할지·······.

목소리가 잦아들더니 어느덧 눈시울이 붉어진다. 동수가 어지간히 속을 썩인 모양이다.

토론을 진행하다 보면 특별한 놀이 이후 부쩍 행동이 좋아지는 아이가 있는가 하면, 여전히 잘못된 행동을 보이는 아이들도 있다. 그래서 이즈음이 되면 아이의 행동이 달라져 다소 느긋해지는 부모들과 왜 우리 아이들은 좋아지지 않는지 초조해하는 부모들의 두 집단으로 나눠진다. 아이 행동을 변화시키려면 부모로서의 권위와 단호함을 가져야 하기 때문에 아이와의 관계가 좋지 않으면 부모의 어떠한 시도도 자칫 강압이 되면서 부작용을 불러올 가능성이 크다.

지난 시간에 우리는 아이와의 관계회복을 위한 방법을 알아보았고, 특별한 놀이를 통해 서서히 관계가 회복되기 시작했다. 지금이 바로 아이 행동을 변화시킬 적기일 수 있다. 오늘은 효과적으로 지시하기와 스티커 제도를 통해 아이 행동을 변화시키는 방법에 대해 이야기를 나눠보기로 하였다.

아이가 할 수 있는 수준 확인하기

동준 엄마는 관계회복만으로 아이의 행동이 좋아지지 않는다며 답답한 마음을 표현했다.

동준맘 전 사실 아이와 놀아주면서 회의가 들었어요. 놀아준다고 해서 아이 행동이 빨라지는 것 같지도 않고 여전히 느린데 그냥 두어야 하나요? 아이 행동도 좋아져야 하는 것 아닌가요?

우리는 얼마 전에 찍었다는 동준이네 촬영화면을 보기로 했다.

#1. 엄마와 쓰기 연습을 하는 동준이. 하지만 쓰기는 열심히 하지 않고 의자만 돌리고 있다.

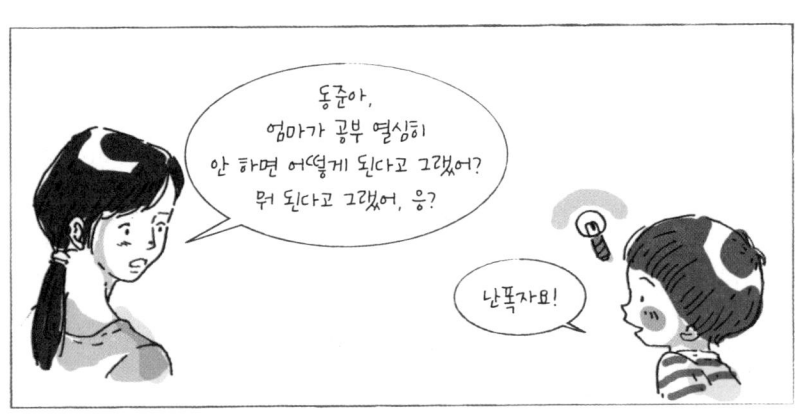

동준이의 천진난만한 얼굴과 책상 위에 써 붙인 심각한 문구가 대조되면서 촬영화면이 끝났다. '낙오자'를 '난폭자'라고 말하는 모습에서 다들 웃었으나 모두들 '낙오자'라는 말의 무게가 쉽게 떨쳐지지 않는 것 같았다. 동준이를 변화시키려는 엄마의 노력을 나무랄 수 없었지만 동준이 나이와 맞지 않는 건 분명했다.

조선미   동준 어머니, 입학을 앞두고 걱정이 참 많으시죠? 그런데 아까 보니까 열심히 하지 않으면 낙오자가 되고, 뒤처지면 친구들 몰래 연습해서라도 잘해야 한다고 했는데, 동준이 나이에 그런 걸 이해할 수 있을까요?

동준맘   그럼 어떡해요? 어떤 말을 해도 애가 달라지지 않으니 그런 말이라도 자꾸 들어야 긴장해서 조금이라도 잘하려고 하지 않을까요?

조선미   충분히 그런 생각을 할 수도 있을 것 같아요. 자, 그럼 다른 분들도 같이 생각해보세요. 이 정도는 꼭 했으면 좋겠는데 혼내도 안 되고 달래도 안 되는 그런 경우가 있지요?

부모들   있는 게 아니라 많지요!

조선미   그럴 때 어떤 방법을 썼나요? 그리고 그 방법이 효과적이었나요?

○○맘   주로 잔소리를 해요. 물론 효과는 없죠. 그래도 다른 방법이 없으니까 계속해서 잔소리를 하게 되는 거죠.

○○맘   맞아요. 원래 잔소리라는 게 하는 사람도 싫고, 듣는 사람은 더 싫고, 그래도 멈추지 못 하는 게 잔소리인 것 같아요. 저도 어렸을 때는 어머니 잔소리가 싫어서 나는 나중에 그러지 말아야지 했는데, 아이를 키우다 보니 저 역시도 거기서 벗어날 수가 없네요.

○○맘   우리 애들도 만날 '엄마는 잔소리장이'라고 해요. 어떤 때는 남편까지 합세해서 그러는데, 내 속을 누가 알겠어요. 그런데 잔소리는 왜 효과가 없는 걸까요?

조선미   그럼, 한번 입장을 바꿔서 생각해볼까요? 예를 들어, 나는 애들한테 최선을 다한다고 하는데 남편이나 시어머니가 애들이 왜 이 모양이냐고 하면서 계속 잔소리를 하면 어떤 마음이 들까요?

잠시 분위기가 조용해졌다. 잔소리를 하는 입장에서 잔소리를 듣는 입장으로 바꿔 생각해보니 상당히 다른 기분이 드는 것 같았다.

○○맘   저는 실제로 그런 일을 자주 겪어요. 애들이 말썽을 부릴 때마다 남편은 엄마인 제가 잘못 해서 그렇다고 하는데 어찌나 화가 나는지. 정작 자신은 도와주는 것도 없으면서 애들이 점수가 안 좋으면 '왜 공부를 못 하냐', 인사를 안 하면 '어떻게 키웠기에 이렇게 버릇이 없느냐'고 말해요. 정말 억울해요!

○○맘   저는 아직도 친정엄마가 옷 입는 것, 집안 치우는 것에 대해 잔

소리를 하세요. 결혼하면 나아질 줄 알았는데 엄마는 아직도 저를 십대로 생각하는 것 같아요.

조선미 그럼 아이들도 마찬가지로 느끼지 않을까요? 내가 왜 그걸 힘들어하는지, 왜 잘 못 하는지 이해하거나 도와주려는 노력 없이 부모 생각을 일방적으로 말하면서 비난하면 아이들 역시 화가 나고 좌절하게 되지 않을까요?

동준맘 그게 아닌 것 같아요. 동준이는 제가 아무리 말해도 너는 말해라 하는 표정으로 태평하기 짝이 없어요. 제 말을 조금이라도 신경 쓴다면 그럴 수 없을 것 같아요!

○○맘 그거야 애가 어려서 표현을 못 하는 것 아닐까요? 말은 못 알아들어도 속은 상하겠지요. 동준이도 할 수만 있으면 엄마 뜻에 따르고 싶을 거예요.

다른 사람들도 고개를 끄덕이며 공감을 표현하자 분위기는 약간 경직되었다. 이런 분위기가 답답하게 여겨졌는지 동준 엄마가 말문을 열었다.

동준맘 그럼 다른 방법이 있나요? 물론 저도 제가 하는 방식이 좋은 방법이라고 생각하지는 않아요. 그렇지만 다른 수가 없으니까 자꾸 그렇게 했지요.

조선미 무조건 행동을 바꾸려고만 할 게 아니라 우선은 아이의 단계나 수준을 정확하게 파악해야 합니다. 일곱 살짜리 동준이가 할 수 있는 데는 한계가 있어요. 그 한계를 정확하게 알고 지시를 해야 아이도 스스로 해보려는 자발성이 생기고, 부모도 수월하게 아이를 대할 수 있습니다.

모든 부모가 나를 주목했다. 나는 이때다 싶어 차근차근 설명해나가기 시작했다.

아이의 단계를 인정한다는 것은 우선 아이의 행동을 관찰하는 것에서 시작한다. 열 번 이상 말하고, 야단치고, 구슬려봤는데도 아이가 한 번도 못 하면 그건 안 하는 게 아니라 못 하는 거다. 그런 행동은 아이에게 억지로 시키지 말고 부모가 많이 도와주는 게 맞다. 열 번 중에 어쩌다 한두 번 한다, 이런 행동은 지금 막 배우기 시작하는 행동이다. 어떻게 해야 하는지 어렴풋이 알기는 하지만 도움 없이 혼자 하기는 좀 어렵다. 이때는 부모가 옆에서 못 하는 부분을 그때그때 가르쳐주고, 잘하는 부분은 칭찬하면서 점차 스스로 할 수 있게 도와주어야 한다.

아직 몇몇 부모들이 아이가 할 수 없어서 못한 걸 갖고 지금까지 씨름해왔다는 사실을 얼른 받아들이기 어려운 눈치다.

○○맘   우리 아이는 혼자 놔두면 숙제를 안 해요. 숙제가 어려워서 그런가 하고 보면 어려운 것도 아닌데 안 해요. 이건 못 하는 게 아니라 안 하는 것 아닐까요?

조선미   그건 아이가 선생님이 내준 숙제를 할 수 있는 능력은 있지만,

언제 어떻게 숙제를 할지 계획하는 걸 못 하는 겁니다. 그럴 때는 숙제는 스스로 하게 하되, 시간을 알려주고 언제까지 해야 한다는 관리는 부모가 하시는 게 좋습니다.

○○맘   아침에 재촉하지 않으면 제시간에 하는 게 하나도 없어요. 그럼 이것도 못 하는 건가요?

조선미   저학년이면 시간에 맞추어 행동하는 게 아직은 어렵습니다. 어머니께서 그때그때 시간을 알려주면서 시간에 맞춰 행동할 수 있도록 훈련을 더 해야 할 거예요.

○○맘   우리 아이는 학습지를 하는데 항상 일주일 치를 미뤘다가 한꺼번에 해요. 매일 조금씩 하는 게 더 쉬울 텐데 왜 그러죠?

조선미   매일 정해놓고 뭔가를 하는 건 어른들에게도 어려운 일입니다. 꾸준히 일정하게 하는 걸 가르치려면 어머니가 하루 단위로 할 일을 정하고 매일 확인해야 합니다.

효과적으로 지시하기

그동안 나는 아이의 행동을 마법처럼 바꿔줄 속 시원한 해결책이 있을 거라고 기대하는 부모들을 많이 보아왔다. 그런 부모일수록 자신이 아이에게 바라는 행동이 알고 보면 아이가 오랜 시간 보고 배워서 몸에 체득한 습관이라는 것을 쉽게 이해하지 못한다.

대부분의 아이들은 주어진 일을 시간에 맞추어 하는 게 쉽지 않다. 이런 능력은 일정한 나이가 되어야 가능하기 때문에 부모가 기다려주어야 한다. 물론 찬찬히 단계적으로 가르쳐주고 연습을 시키면 기다리는 시간이 줄어든다.

하지만 어린아이도 충분히 할 수 있는 행동을 하지 못 하는 것은 훈련이 제대로 되지 않은 것이다. 학교에 갔다 와서 가방을 아무 데나 던져놓는 것, 옷을 벗어서 빨래 바구니에 넣지 않는 것, 간단한 지시에도 바로 움직이지 않는 것이 여기에 해당한다. 이때 필요한 것이 바로 '효과적으로 지시하기'다.

하나, 구체적인 행동을 한 가지씩, 단호하게

조선미　아침에 학교나 유치원에 가야 하는데 빨리 준비하지 않고 텔레비전을 보거나 아이가 느리게 움직일 때 보통 어떻게 하세요?

○○맘　당연히, 빨리 하라고 소리치죠.

○○맘　학교 늦는다, 선생님한테 혼난다고 말해요.

○○맘　밥하다 말고 뛰어가서 한 번씩 화를 내게 돼요.

조선미　아이들에게 그렇게 말한 뒤 어떻게 하시나요?

○○맘　뭘 어떻게 한다기보다 저는 주방에 있고, 애는 방에 있으니까 몇 번 소리치다 잠잠하면 무슨 일인가 싶어 가보죠.

잔소리하기	효과적으로 지시하기
'빨리 하라'고 말한다. 	'세수해라, 가방 싸라' 구체적으로 말한다. 
아이를 보지 않고 소리친다. 	아이 눈을 보며 분명하게 말한다. 
지시를 하고 할 일을 한다. 아이가 다 하고 나면 아무런 결과도 주지 않는다. 	지시를 한 후 아이가 하는 것을 확인하고 다 했으면 반드시 칭찬해준다. 

조선미   여러분이 말씀하신 내용을 효과적인 지시와 비교해봤어요. 아이 행동을 변화시킬 수 있는 효과적인 지시는 아이가 충분히 할 수 있는 행동을 한 번에 하나씩, 아이와 눈을 맞추고 분명하

게 말한 뒤, 끝까지 하는지 반드시 확인하고 잘했을 때는 칭찬을 해주는 겁니다. 예를 들어, 정은이한테 손을 씻으라고 말할 때 그냥 '얼른 손 씻어'라고 하는 게 아니라, 아이의 나이에 맞게 한 단계씩 행동을 끊어서 말하세요. '자, 목욕탕에 들어가', '물 틀어', '물에 손 담가야지', '비누칠도 해야지', '손 헹궈', '손 닦아' 이런 식으로 하는 겁니다. 그리고 다 씻고 나오면 마무리로 '아우~ 잘했어' 하고 칭찬해주세요.

정은맘 그렇게 해도 아이가 안 씻겠다고 떼를 쓰면 어떻게 하지요? 자기 기분이 나쁘면 어떤 말을 해도 소용없는 아이라서 행동 하나하나를 지시한다고 말을 들을지 걱정이에요.

효과적인 지시에서 가장 중요한 건 부모의 단호한 의지다. 우선 말투부터 단호해야 한다. 웃거나 달래듯이 하면 아이는 부모가 자기한테 뭘 시키는 상황인지, 장난치고 놀이를 하는 상황인지 구별하지 못한다. 만약에 그래도 아이가 안 하겠다고 버티면 그때는 부모가 아이를 안아서 욕실 안으로 들어가고, 옆에 지키고 서서 한 단계씩 지시해야 한다. 몇 번만 그렇게 하면 아이는 '아, 이렇게 해봐야 소용이 없구나' 하는 걸 알고 금세 잘 따르게 된다.

둘, 지시한 행동을 끝까지 하면 반드시 칭찬을

이번에는 희정 엄마가 다른 질문을 해왔다.

희정맘 하루 일과 중에 아이한테 꼭 시켜야 할 일이 한두 가지가 아니잖아요. 그럴 때마다 단호한 목소리로 시키면 혹시 아이가 엄마 말을 강압적으로 느끼지 않을까요?

단호함을 설명할 때면 항상 나오는 질문이었다. '단호한 것'과 '화내는 것'을 구별하는 것은 대부분의 부모에게 어려운 일인 것 같다.

조선미 단호함은 아이한테 엄마가 이 일을 지금 꼭 시킬 거라는 의지를 분명하게 전달하는 것이지, 무섭게 야단치거나 화를 내는 게 아닙니다. 그래도 아이한테 강압적으로 보일까 봐 걱정된다면 칭찬을 많이 해주세요. '자, 희정이 칫솔 들어. 와! 잘했어. 진짜 잘하는구나', '자, 다음에 치카치카 하고 이를 닦아야지. 야! 희정이 최고다'라는 식으로 아이가 지시에 따를 때마다 칭찬해주세요. 혹시 말로 칭찬하는 게 익숙하지 않다면 엄지손가락이라도 치켜들어주세요. 마지막에 하는 칭찬이 가장 중요하니까요.

유성맘 그동안 유성이가 동생하고 싸운다고 많이 혼나서 스트레스를 받았는데, 이런 경우에는 특히 칭찬을 더 많이 해주는 게 좋겠지요? 책에 보면 칭찬은 무조건 많이 해주는 게 좋다고 나와 있던데요.

이것 역시 예상했던 질문이다. 칭찬이 좋다는 것은 일반적인 사실이지만, 그렇다고 모든 칭찬이 다 약이 되는 것은 아니다. 칭찬하기와 효과적으로 지시하기의 가장 중요한 포인트는 아이의 좋은 행동에 대해서만 긍정적인 반응을 보여야 한다는 점이다. 즉, 좋은 행동을 했을 때만 칭찬해야 한다. 그래야 아이가 칭찬과 관심을 받으려면 어떻게 행동해야 하는지 정확하게 알게 되기 때문이다.

아무 때나 잘한다고 칭찬하면 아이는 어떤 행동을 해야 하는지 구체적으로 알지 못한다. 버릇없는 행동을 할 때 부모가 웃으면서 '그러면 안 되는 거 알지?'라고 말하면 아이는 부모의 태도를 보고 자기 행동이 좋은 것이라고 느낄 수도 있다. 아이의 잘못된 행동에 대해서는 바로 단호한 태도를 보여야 한다.

셋, 간단하고 쉬운 행동을 먼저, 복잡하고 어려운 행동은 나중에

호성맘 저, 이런 얘기 좀 부끄럽지만, 어릴 때 자기가 해야 할 일을 훈련시키지 않으면 어떤 문제가 생기나요? (잠시 머뭇거리며) 실은, 지금은 아니지만 얼마 전까지만 해도 아침에 호성이한테 밥을 떠먹여줬어요. 요즘도 제가 가방을 싸주고, 옷도 입혀서 학교에 보내요.

초등학교 3학년 아이한테 밥을 떠먹여준다는 말에 다른 부모들은 놀라서 입을 다물지 못 했다.

호성맘 애를 과잉보호하려고 그랬던 건 아니에요. 씻고 밥 먹으라고 혼자 놔두면 세월아 네월아 시간을 끌어서 학교를 제시간에 못

갈 것 같더라고요. 초등학교에 가면 나아질 줄 알았는데 달라지지 않아 그냥 외동아이라서 의존심이 많은가 보다 했어요. 그런데 오늘 이야기를 들어보니까 제가 뭔가 크게 잘못 하고 있다는 느낌이 드네요.

마침 지난주에 호성이가 집에서 생활하는 걸 촬영했다고 해서 우리는 그 화면을 보기로 했다.

#2. 학교에서 돌아온 호성이가 거실 바닥에 엎드려 텔레비전을 보고 있다.
  거실 여기저기에 옷가지가 널려 있다.

잠시 후 장면이 바뀌며 호성이와 엄마가 책상 앞에 마주 앉아 있다.

○○맘　어유! 호성이가 은근히 엄마보다 한 수 위네요. 어리광을 부렸다 반항을 했다가 결국 하고 싶은 대로 다 하던데, 엄마가 참느라고 힘들었겠어요.

조선미   호성이가 집에 와서 옷을 아무렇게나 벗어놓고, 가방도 아무데나 놓던데 그런 행동에 대해 단호하게 나무라신 적이 있나요?

호성맘   3학년이라 공부에 신경을 많이 쓰다 보니 기본적인 것은 제가 다 해줘요. 호성이는 그냥 저 할 공부만 하라고 하는 편이죠.

조선미   그러면 엄마가 화내는 상황이 주로 공부시킬 때이네요?

호성맘   일부러 그런 건 아니지만 말씀을 들어보니 그런 것 같아요.

조선미   아무리 너그럽게 아이를 대하더라도 받아줄 행동과 그렇지 않은 행동을 명확하게 구별해야 하는데 지금 그 기준이 애매해요. 호성 어머니는 먼저 아이가 보이는 행동 중에서 어떤 게 당장 고쳐야 할 행동이고, 어떤 게 좀 여유 있게 고쳐도 될 행동인지 위계를 정해야 할 것 같아요. 너무 당연한 말인 것 같지만, 우선은 쉽고 자신의 신변에 관한 것부터 가르치는 게 순서입니다. 먹기, 씻기, 옷 입기 등은 유치원에서 배우는 거죠. 학교 갈 때쯤이면 알림장 쓰고, 가방 챙기고, 숙제하는 것을 배울 차례죠. 이런 걸 순서대로 배우지 못 하면 어떻게 되는지 아세요?

아무도 대답하지 않는 걸 보니 거기까지 생각해본 적은 없는 것 같았다.

조선미   여기 계신 분들 중에 남편이 양말을 뒤집어 벗고는 제대로 안 내놓는다, 방을 어지르고 절대 안 치운다, 자기 먹은 그릇도 그대로 둔다고 불평하시는 분이 있을 거예요. 사회생활은 잘하는

데 집에서는 어린애 같다고. 제가 무슨 말 하는지 이해하시죠? 갑자기 여기저기서 '맞네!' 하며 깔깔대는 웃음소리가 들렸다.

> ✔ **효과적으로 지시하기**
>
> * 부모의 의도를 확실하게 전달한다. 나이가 어릴수록 작은 행동단위로 쪼개서 시키고, 아이가 완전히 끝낼 때까지 지켜보아야 한다.
> * 부탁이나 질문이 아닌 직접화법으로 단호하게 말해서 반드시 해야 한다는 메시지를 전한다.
> * 말을 할 때는 아이와 눈을 맞추고 해야 효과적이다. 아이가 무언가에 집중하고 있을 때는 가능한 그때를 피해서 한다.

스티커 제도 활용하기

효과적으로 지시하기가 그때그때 뭔가를 시킬 때 활용하는 방법이라면, 지속적인 행동 변화를 위해서 활용할 수 있는 가장 좋은 방법은 스티커 제도이다. 스티커 제도는 상당히 강력하고 지속적으로 행동에 영향을 미치기 때문에 특별한 놀이와 함께 행동 변화를 이끄는 가장 중요한 기법으로 활용된다.

조선미 지금까지 부모가 아이에게 뭔가를 시키기 위해서 강압적인 방법을 썼다면 스티커 제도는 뭔가를 시키고 좋은 것을 주는 거지요. 그러면 아이도 부모에게 강하게 반발할 필요가 없어집니다. 원하는 것을 얻으려면 엄마 말을 들으면 된다는 걸 스티커가 알려주니까요.

말을 마치자 이미 스티커 제도를 활용해본 적이 있다는 몇 사람이 실망하는 표정을 지었다. 나는 그 이유를 짐작할 수 있었다. 스티커 제도가 쉬운 것 같아도 의외로 까다롭기 때문이다. 그래서 처음 시작할 때 신중하게 잘해야 한다.

하나, 목표행동은 아이 나이에 맞게 구체적으로

먼저, 아이가 해야 할 목표행동을 정한다. 원칙은 두 가지이다. 첫째, 아이 수준에서 충분히 할 수 있는 행동이어야 하고, 아이도 기꺼이 하겠다고 동의하는 행동이어야 한다. 둘째, 아주 구체적이고 단순해야 한다.

조선미 자, 영준 어머니라면 어떤 행동을 목록에 넣고 싶으세요?

영준맘 영준이가 옷 입는 것과 양말 신는 거를 굉장히 싫어해요. 양말을 주면 그때부터 짜증난 얼굴을 내내 보이는데, 가만 보니까 양말이 조금 비뚤어지거나 앞발 모양이 딱 안 맞으면 스트레스를 받는 것 같아요.

조선미   이제 다섯 살이면 어려울 수 있어요. 영준이 나이에 맞게 '양말 한 짝 신을 때마다 스티커 한 장씩 주기, 그리고 딱 맞게 신는 건 엄마가 해주기'로 하는 게 좋겠네요. 그리고 또 어떤 목표행동을 정하면 좋을까요?

이번에는 어린아이들을 키우는 엄마들이 가장 많이 고민하는 '한자리에서 밥 먹기' 문제가 나왔다.

조선미   어릴수록 아이들은 집중하는 시간이 짧습니다. 다섯 살 아이가 한 번도 돌아다니지 않고 제자리에서 밥을 먹기는 쉽지 않아요. 잘 생각해서 목표행동을 정해야 합니다. 예를 들어, 밥 먹는 데 걸리는 시간이 15분 정도라고 계산해서 목표행동을 '15분 동안 제자리에서 밥 먹기'라고 정하면 문제가 발생할 수 있습니다. 만약 10분까지는 제자리에서 먹다가 마지막에 자리를 떠났다면 그런 경우 스티커를 줘야 하나요, 말아야 하나요?

영준맘   영준이 입장에서는 10분을 버티려고 무척 노력했을 텐데, 조금 더 못 참았다고 안 주면 다시는 스티커 제도를 안 하겠다고 화낼 것 같아요.

조선미   네, 바로 그거예요. 그리고 생각해봐야 할 게 또 있어요. '한자리에서 밥 먹기'라고 했는데, 만약 영준이가 반쯤 드러누워서 밥을 먹었다면 그런 경우에는 어떻게 하실 건가요?

영준맘   아! 그럴 수도 있네요. 미처 거기까지는 생각 못 했어요.

조선미 그래서 스티커 제도를 할 때 엄마가 생각을 많이 하셔야 해요. 내 아이가 어느 정도 할 수 있는지 수준을 판단하고, 자칫 엄마와 아이 사이에 서로 했네, 안 했네 하고 실랑이가 벌어질 수 있는 경우를 최소화해야 합니다. '한자리에서 밥 먹기'와 같이 정하는 것보다 '엉덩이 떼지 않고 밥 먹기'라는 식으로 아주 구체적으로 정하는 것이 좋아요.

긴 의논 끝에 영준이네 목표행동 목록이 완성됐다.

영준이가 스티커를 받을 수 있는 목표행동	스티커 개수
밥 먹을 때 엉덩이 떼지 않고 밥 먹기	1장
양말을 칭얼거리지 않고 스스로 신기	양말 한 짝에 1장
가방 제자리에 놓기 & 옷걸이에 옷 걸기	1장
잠자기 전에 장난감과 책 정리하기	1장

* 스스로 하면 보너스 스티커 1장 추가

스티커를 줄 목표행동은 일단 서너 개로 시작해서 잘 되면 대여섯 개까지 늘리는 게 좋다. 그리고 스티커는 아이가 목표행동을 한 직후 바로 그 자리에서 주어야 한다. 나중에 한꺼번에 주면 당장 상을 받는 게 아니기 때문에 스티커의 효과가 떨어질 수 있다.

가은맘   저는 목표행동 목록에 '자기 방 정리하기'를 넣고 싶은데 가은이가 일곱 살이니까 이 정도는 충분히 할 수 있겠죠?

조선미   가만히 생각해보면 '방 정리하기'는 여러 단계의 판단을 거쳐야 하는 복잡한 행동입니다. 예를 들어, 방바닥에 옷이 떨어져 있다면 이 옷을 옷걸이에 걸어야 하는지 빨래 바구니에 넣어야 하는지를 판단해야 하고, 책과 장난감이 방바닥에 어질러져 있으면 각각 어디에 갖다놓아야 하는지 판단해야 합니다. 그래서 엄마가 아이 나이에 맞게 어떻게 정리정돈을 해야 하는지 구체적으로 정해주셔야 해요. 어린아이의 경우에는 '책은 엄마가 치워주고, 장난감은 네가 치우기'라든지, 아니면 차라리 커다란 바구니를 마련해주고 '방바닥에 있는 장난감을 모두 바구니에 넣기'라는 식으로 하시면 됩니다.

둘, 상 목록은 엄마가 충분히 줄 수 있는 것으로 다양하게

영준맘   지난번에 스티커 제도가 실패한 것은 상 때문이었어요. 이번에 신중하게 정해야 할 텐데, 잘 정했는지 한번 봐주세요.

목표행동 목록으로 볼 때 영준이가 하루에 받을 수 있는 스티커는 다섯 장 정도였다. 스무 장을 모으려면 나흘 정도의 시간이 걸릴 것 같은데 영준이 나이로 볼 때 작은 상이라도 이삼 일 간격으로 받는 게 나을 것 같았다.

영준이의 상 목록			
스티커 20장	아이스크림 두 개	스티커 70장	파워레인저 보러 친구네 가기
스티커 30장	실내 놀이터 가기	스티커 80장	장난감 자동차 받기
스티커 40장	파워레인저 보러 친구네 가기	스티커 90장	실내 놀이터 가기
스티커 50장	장난감 자동차 받기	스티커 100장	파워레인저 비디오 받기
스티커 60장	실내놀이터 가기		

조선미 그럼, 이제 상을 정할 때 기억해야 할 점을 말씀드릴게요. 가장 중요한 것은 아이가 정말로 원하는 것이고, 엄마 입장에서는 충분히 줄 만한 것이어야 합니다. 그리고 일정 개수의 스티커를 모아 상을 받으면 그 스티커는 지우고 다시 모아야 해요.

영준맘 꼭 그래야 하나요? 그냥 두고 더 모으면 더 큰 상을 주기로 했는데요.

그 말을 들으니 계속 스티커를 누적시켜 상을 주던 한 엄마가 나중에는 컴퓨터, 자전거까지 모두 사주고도 주말마다 놀이공원에 가야 해서 어쩔 수 없이 스티커 제도를 그만뒀다는 이야기가 떠올랐다. 이 이야기를 들려주며 나는 다시 한 번 사용한 스티커는 더 사용할 수 없다는 것을 강조했다.

조선미 상을 줄 때는 우선 아이가 하루에 몇 개 정도 스티커를 모을 수 있는지 개수를 가늠해보고, 거기에 맞게 많이 노력하면 좀 큰 상을 받고, 자잘한 상은 자주 받을 수 있게 분배를 해주는 게 중요합니다. 또 한 번 받고 더 받을 필요가 없는 상, 예를 들면 자전거나 컴퓨터는 한 번 받으면 끝이고, 피자나 치킨은 한 번 받아도 시간이 지나면 또 받고 싶은 것이지요. 이런 것들을 분류해서 적절히 배치를 해야 아이들이 싫증내지 않고 계속 상에 관심을 갖습니다.

나는 설명을 마친 후 스티커 제도를 정리한 용지를 나눠주었다.

> ✔ **스티커 제도**
>
> * 아이와 함께 어떤 행동에 대해 스티커를 받을지 목표행동을 정한다. 목표행동은 한 번에 다섯 개 이상 정하지 않도록 한다.
> * 목표행동은 아이의 나이나 수준에 맞아야 하며, 가급적 간단하고 구체적이어야 한다.
> * 각각의 목표행동에 대해 몇 개의 스티커를 받을지 결정한다.
> * 스티커를 몇 장 모으면 어떤 상을 받을지 결정한다.
> * 스티커는 목표행동을 한 그 자리에서 주도록 한다.

시간이 거의 끝나가고 있었다. 마무리도 할 겸 질문이 있느냐고 묻자 민주 엄마가 고민을 털어놓았다.

민주맘 저희 남편이 워낙 민주를 예뻐해서 아마 민주가 스티커를 달라고 하면 무조건 주고, 다 모으지도 않았는데 상을 줄 수도 있을 것 같아요. 그럼 안 되는 거지요?

조선미 아까 말씀드렸지만 스티커는 아이에게 규칙을 알려준다는 데 큰 의미가 있습니다. 목표행동이나 상을 정할 때 반드시 아빠도 함께 참석하도록 하시고, 아빠가 규칙대로 민주를 대해주면 어머니가 상을 주세요. 아빠에게 칭찬을 많이 해드리세요. 그럼 아빠도 규칙에 따르는 게 좋다고 생각하실 거예요.

마칠 시간이다. 아이의 수준을 파악하고 효과적으로 지시하기와 스티커 제도만 잘 활용해도 아이의 행동을 바꾸는 데 상당한 효과를 볼 수 있다. 하지만 쉽지는 않다.

조선미 그동안 특별한 놀이와 칭찬하기를 통해 많이 변화한 아이들은 아마 스티커 제도에도 잘 따라올 거예요. 그렇지 않았던 아이들이라면 아이와 함께 규칙을 세우고, 스티커 제도를 잘 활용해 상을 주면서 아이의 행동을 변화시켜보세요. 다음 시간에는 중간점검을 해볼까 합니다.

여기저기서 서로 진지한 눈빛을 던지며 고개를 끄덕이는 부모들의 모습이 보였다.

> 요약노트

아이 행동 변화시키기

1 아이가 할 수 있는 수준 확인하기
- 지금까지 단 한 번도 스스로 한 적이 없는 행동은 할 수 없는 행동으로 간주한다.
- 도움을 받아서 했던 행동은 도움을 조금씩 줄이면서 스스로 하도록 한다.
- 한두 번 스스로 했던 행동은 점차로 횟수를 늘리는 방향으로 목표를 정한다.
- 대체로 혼자 할 수 있으나 스스로 하지 않는 행동은 스티커 제도를 적용해 본다.

2 효과적으로 지시하기
- 아이가 충분히 할 수 있는 행동을 한 번에 하나씩 지시한다.
- 아이와 눈을 마주치고 엄마가 원하는 것을 분명하게 말한다.
- 아이가 그 행동을 끝낼 때까지 다른 데로 주의를 돌리지 않는다.
- 제대로 해냈을 경우 바로 칭찬해준다.

3 스티커 제도 활용하기
- 아이가 해야 할 행동에 대해 스티커를 준다.
- 상을 정할 때는 아이가 원하고 좋아하는 것으로 정해야 한다.
- 나이가 어릴수록 상을 자주 주고, 큰 아이는 시간을 두고 준다.
- 스티커는 그 자리에서 즉시 주고, 스티커를 줄 때는 반드시 칭찬을 해준다.

4강

중간점검,
변화의 걸림돌 치우기

강의실로 가는데 왁자지껄한 소리가 복도까지 흘러나온다. 문을 열고 들어가자마자 준우 엄마가 제일 먼저 아는 척을 하며 스티커 이야기를 들려준다.

준우맘 준우가 스티커 제도를 시작하면서 완전히 달라졌어요. 예전에는 유치원에서 돌아오면 '손 씻어라', '간식 도시락 꺼내놔라' 아무리 잔소리해도 짜증만 부렸는데, 이제는 스티커를 하나라도 더 받으려는 욕심에 제가 '준우야, 지금 뭐 해야 하더라?'라고 말만 해도 바로 달려가서 손을 씻고, 간식 도시락도 꺼내놔요. 더구나 스티커를 받을 때마다 어찌나 방방 뛰면서 좋아하는지 그 모습이 신기하다 못해 낯설기까지 해요.

여기저기서 맞장구치는 소리가 들렸다. 그러고 보니 이번 시간이 다섯 번째 토론이다. 어느새 중반에 접어든 것이다. 보통 이 정도 시간이 지나면 부모들의 표정이 엇갈리기 시작한다. 준우 엄마와 유성 엄마, 그리고 특별한 놀이와 칭찬하기, 스티커를 통해 아이 행동이 좋아진 아영 엄마는 밝은 표정으로 이야기를 들려준다. 반면 동수 엄마와 정민 엄마는 말수가 줄어들었다. 동준 엄마는 지난 시간에 동준이의 나이와 수준을 파악해 단계적으로 훈련시켜야 한다는 말을 듣고도 여전히 마음이 혼란스러운 것 같았다. 긍정적인 변화를 보이는 아이들을 보면서 그렇지 않은 부모들은 좌절감을 느낄 수도 있고, 무기력해져서 지레 포기할 수도 있는 시점이었다. 그래서 이쯤에 앞으로 더 나가지 못 하는 이유가 무엇인지 생각해보고, 재정비하는 게 필요했다.

조선미 다들 느꼈겠지만 많이 노력했는데도 아이들 행동에 별다른 변화가 없는 경우도 있을 수 있습니다. 아이들은 서로 다르기 때문에 어떤 한 방법이 어떤 아이에게 효과가 있다고 해서 다른 아이에게도 똑같이 효과가 있는 것은 아닙니다. 그래서 열심히 하는 것도 중요하지만 효과가 없을 때는 무엇이 문제였는지 원인을 파악하고 적절하게 대처하는 것이 필요합니다. 오늘은 중간점검을 통해 해결점을 찾아보도록 할게요.

걸림돌 1_ 훈육이 필요한 때와 마음을 읽어줘야 할 때

경민맘 안 그래도 제 힘으로 풀기 힘든 문제가 있어서 도움을 청하려고 했어요. 아이들 마음을 읽어주는 게 중요하다는 사실을 깨닫고 가능하면 마음을 읽어주려고 노력하는데, 두 아이가 싸우면서 서로 편을 들어달라고 할 때는 어떻게 해야 할지 모르겠어요. 마음을 읽어줘야 할 것 같아 그렇게 하면 애들이 저마다 자기 하고 싶은 대로 해달라고 하고, 야단을 치고 나면 내가 변한 게 없구나 하는 생각에 좌절감이 들고, 정말 쉽지가 않아요.

우리는 상황을 좀 더 잘 알아보기 위해 경민이네 모습을 함께 보기로 하였다.

#1. 경민이네 식구들이 밥상에 둘러앉아 아침밥을 먹고 있는데 사건이 벌어졌다.

결국 똑같은 젓가락을 다시 사주기로 약속하고서야 상황이 수습되었다.

초콜릿 아이스크림과 딸기 아이스크림을 갖고 다투던 두 아이의 모습을 떠올리며 웃는 사람이 많았다.

○○맘 우리 집도 똑같아요. 애들은 참 이상해요. 뭘 사줘도 똑같은 걸 사줘야 하고, 또 막상 사주면 소중하게 여기지도 않고. 저럴 때는 정말 어떻게 해야 할지 모르겠어요.

○○맘 저는 그동안 큰애를 너무 다 큰 아이처럼 취급해서 요즘은 편을 들어주려고 하는데, 그러다 보니 동생하고 싸우면서 양보도 전혀 안 하고 더 어린애처럼 굴어서 결국 제가 못 참고 다시 화를 내는 경우가 많아요.

○○맘 제 할 일을 안 하는 경우도 마찬가지인 것 같아요. 그래 힘들겠다, 피곤하겠다 그러고 나면 힘들어서 안 할래 하고 나오니까 마음을 읽어준다는 게 결국 상황을 더 힘들게 만드는 것 같아요.

모두 아이의 마음을 읽어준 후 벌어지는 상황 때문에 당황했던 경험이 있었다. 나는 다시 한 번 마음을 읽어주어야 하는 상황과 훈육을 해야 할 상황을 구별하는 방법을 설명해야 할 필요를 느꼈다.

조선미 아이를 키우다 보면 상황에 따라서 마음을 읽어주고 다독여야 할 때가 있고, 어떤 경우에는 훈육이 우선되어야 할 상황이 있는데 그걸 구별하는 것은 쉽지 않습니다. 간단하게 설명하면 먼저 상황이 벌어졌을 때 그 상황을 엄마가 책임지고 해결해야 한다면 훈육이 필요합니다. 이를테면 두 아이가 싸운다거나 마트에서 고집을 부리고 떼를 쓸 때는 마음을 읽어주는 것보다 즉시 훈육을 해야 합니다. 누가 비슷한 상황을 더 말씀해주시겠어요?

○○맘 그러니까 아이들이 알아서 해결하거나 책임질 수 없는 상황을 말하는 거지요? 식당이나 백화점에서 뛰는 것도 그렇겠네요?

○○맘 어른한테 버릇없이 행동하는 경우도 그럴 것 같은데요.

조선미 정확하게 이해하셨어요. 반대로 마음을 읽어줘야 하는 상황은 엄마가 나서서 해결할 게 아니라 아이가 해결하고 책임져야 할 상황을 말합니다. 예를 들면 어느 정도 큰 애가 친구와 다투었다면 엄마가 나서서 해결할 수 없고, 또 그렇게 하는 게 바람직하지도 않지요. 이때 가장 좋은 방법은 마음을 읽어주는 것입니다. 여기에 대해서도 생각나는 예를 함께 이야기해볼까요?

○○맘 학교에서 선생님한테 혼났을 때도 마찬가지 아닐까요? 저는 그럴 때마다 도대체 네가 어떻게 했기에 혼났느냐고 했는데 그러면 안 되겠네요. 그리고 나서도 영 찜찜했는데 이제야 방법을 알 것 같아요.

○○맘 아! 저도 비슷한 생각을 했어요. 얼마 전에 아이가 비싼 장난감을 잃어버렸는데, 그때는 '이걸 다시 사줘야 되나, 아니면 다시는 이런 일이 없도록 혼을 내야 하나' 고민했어요. 지금 돌이켜보니 속상한 마음을 읽어주기만 했어도 됐을 것 같아요.

부모들은 점차로 두 상황을 구별하는 듯했고, 지금까지 적절하게 대응하지 못 했던 상황을 떠올리며 안타까워했다. 이제는 경민 엄마의 의문에 대한 답을 찾을 차례였다.

조선미 그렇다면 형제간에 싸움은 누구의 문제일까요? 부모의 문제일까요, 아이들의 문제일까요?

선뜻 대답이 나오지 않는 걸 보니 쉽지 않은 질문인 듯하다.

조선미 아이들끼리 싸우는 거니까 아이들 문제인 것 같기도 하지만, 형제간의 다툼은 나이가 어릴수록 부모의 문제라고 봐야 합니다. 왜냐하면 어린아이들은 싸우게 놔두면 알아서 해결하기보다 서로 때리고 울고 결국은 부모한테 와서 떼를 쓰기 때문입니다. 이럴 때는 부모가 나서서 상황을 중지시키고, 아이들을 훈육해야 합니다. 그런데 많은 부모님들이 누가 옳은지 판단을 내려주려 하거나 마음을 읽어주려다 싸움을 더 커지게 하지요.

나는 형제간의 싸움을 다루는 몇 가지 원칙을 정리했다.

    1. 서로 때리거나 물건을 던지는 행동은 우선 못 하게 한다.
    2. 잘잘못을 가리거나 싸움의 내용에 집중할 게 아니라 먼저 아이들을 떼어놓고 싸움의 맥락을 끊어준다.
    3. 간단히 마음을 짚어준 후 곧바로 규칙을 알려준다.
    4. 일방적으로 한쪽 편을 들어주지 않도록 한다.

5. 아이들끼리 해결 방법을 스스로 찾아내도록 격려한다.

조선미   경민 어머니, 왜 지금까지 아이들의 싸움을 효과적으로 말리지 못 했는지 이제는 이해하세요?

경민맘   제가 규칙 없이 두 아이의 마음을 모두 이해하고 받아주려다 보니 결국은 원하는 걸 들어주는 수밖에 없었던 것 같아요.

조선미   그런 일이 반복되면서 무슨 일이 생길지에 대해서도 생각해보세요.

○○맘   그렇군요! 아이들이 싸울 때마다 엄마가 나서서 원하는 것을 해주니 당연히 떼를 쓸 수밖에 없겠네요. 장난감이 하나밖에 없을 때 작은애가 왜 제 주위를 처량한 얼굴로 빙빙 돌았는지 이제 이해가 가요! 애들이 영악하네요.

조선미   이런 일은 아이가 일부러 그러는 게 아니에요. 문제는 아이의 마음을 읽어주는 것은 곧 아이가 원하는 대로 해주어야 한다는 부모의 잘못된 생각이에요. 그런 일이 반복되니까 아이들은 상황을 부모가 해결해줄 거라고 생각해서 계속 떼를 쓰거나 스스로 해결하려 하지 않는 것이지요.

간단하고 명확하게 설명했지만 훈육을 할지 마음을 읽어줘야 할지 상황을 구별하는 것은 그리 쉬운 일이 아니다. 나는 부모들이 자유롭게 토론할 수 있는 시간을 주었다.

걸림돌 2_ 상호작용 부족에서 오는 관계의 실패

가능하면 다양한 이야기가 나왔으면 싶었는데, 다혜 엄마가 질문을 던졌다.

다혜맘 저는 직장생활을 하기 때문에 최대한 아이 마음을 많이 읽어주려고 애쓰고 있어요. 우리 다혜는 초등학교 3학년치고 어른스럽다, 성숙하다는 말을 자주 듣는 편이에요. 하지만 실제로는 아기 짓을 많이 해요. 그런데 이런 모습이 외동아이라 외로워서 그런 건지, 아니면 제가 오랫동안 직장생활을 하면서 애정을 충분히 주지 못 해서 그런 건지 잘 모르겠어요. 그게 이유라면 훈육을 하기보다는 당분간 받아주는 게 좋지 않을까요?

조선미 그러니까 엄마가 일하느라 제대로 돌봐주지 못 했으니까 나이에 비해 어린애처럼 구는 행동을 좀 받아주고 이해해주고 싶다는 말씀이신가요?

다혜맘 네. 애정 부족에서 나타나는 행동은 좀 들어주고 이해해줘야 스스로 풀리는 게 아닌가 싶어서요.

어린애 같은 행동이 무엇인지 묻자 다혜 엄마는 얼른 대답하지 못 했다. 마침 집에서 모녀가 생활하는 모습을 촬영한 것이 있다고 하여 함께 보기로 했다.

#2. 아침, 학교 갈 준비를 하는 다혜에게 엄마가 부드럽게 말을 건다.

학교에 다녀온 다혜. 엄마와 공부를 하는데 자꾸만 발 장난을 친다.

○○맘   저런 행동을 안쓰러워서 참아준다는 건가요? 제가 보기에 부모가 제대로 돌봐주지 않아서 나오는 모습이 아닌 것 같은데. 오히려 부모가 잘해주니까 아이가 제멋대로 하는 것 아닌가요?

다혜맘 사실 저 날은 애가 유난히 말을 안 듣더라고요. 제가 무슨 말을 해도 살살 빠져나가고 시키는 걸 거의 안 했어요. 그때마다 저는 와락 화가 나다가도 애가 형제도 없이 일하는 엄마 밑에서 커서 그런 게 아닌가 싶어서 마음이 약해질 때가 많아요.

조선미 우선 여기 계신 많은 분들이 아이의 행동이 부모가 잘 돌봐주지 못 해서 나타난 행동이 아니라고 생각하시는 것 같은데, 저도 같은 생각입니다. 그런데 저는 그것보다 아이를 대하는 부모의 태도가 더 눈에 띄네요.

아침에 학교 가기 전 상황을 보면 다혜를 어린애처럼 대하고 얘기를 할 때도 애교스런 말투와 부탁하는 어조를 사용했어요. 그런데 공부하는 상황이 되니까 갑자기 쌀쌀맞고 강압적인 태도로 변하셨어요. 이 외에 다른 태도는 보지 못 했는데 혹시 그 이유가 뭔지 생각해보시겠어요?

다혜맘 저는 제가 그렇게 행동하는 줄 몰랐어요. 정말 그랬나요?

조선미 아마 엄마가 기분이 좋거나 상황이 편할 때는 아이에게 미안한 마음이 들어 과도하게 아기처럼 대하면서 애정을 표현하는 것 같아요. 그런데 공부를 시킬 때는 강압적인 태도를 취하면서 화도 쉽게 내는 것 같아요. 그러다 보니 다혜한테 엄마의 권위가 제대로 서지 않고, 아이가 엄마에게 함부로 대하는 모습이 나타난 게 아닐까 싶어요.

여기까지 말하고 나서 잠시 시간을 두었다. 다음 이야기는 다혜 엄마의 감정을 자극할 수도 있기 때문에 한 박자 쉬어가는 게 필요할 것 같았다.

조선미 한 가지 더 말씀드릴 게 있어요. 혹시 화면을 보면서 느낀 분도 있겠지만, 어머니가 다혜한테 다정하고 애교스럽게 말을 건넬 때조차 부자연스러운 점이 있습니다. 그건 바로 말을 하면서도 아이와 눈을 마주치지 않는다는 겁니다. 아이의 눈을 마주보면서 지금 아이가 내 말을 제대로 듣고 있는지, 제대로 알아들었는지, 혹시 못 들은 척 하는 건 아닌지 확인하지 않으셨어요. 다혜 어머니, 하루에 아이와 눈을 마주보고 이야기하는 시간이 얼마나 되나요?

다혜 엄마에게 좀 가혹한 질문일 수도 있었다. 그렇지만 상호작용의 기본은 눈 맞춤이다. 아기들이 부모를 알아보고 친밀감을 표현할 때 가장 먼저 보이는 행동이 눈을 맞추고 미소 짓는 것이다. 그만큼 눈 맞춤은 애착관계에서는 중요한 행동이다. 지금 다혜 엄마에게 필요한 것은 다른 것보다도 특별한 놀이시간을 많이 가지면서 서서히 아이와 감정의 거리를 좁히는 일이다.

직장생활을 하다 보면 사회적 성취를 추구하면서 아이 키우는 것 역시 노력으로 해내야 할 일로 여기기 쉽다. 아이와 부딪치는 상황에서 지금 아이의 감정이 어떤지, 기쁜지, 슬픈지 알아차리고 민감하게 반응하기보다 '이럴 때는 이렇게 해야 돼' 하는 피상적인 판단과 생각에 따라 행동하게 된다. 이렇게 되면 아이는 아무리 부모가 옆에 있어도 이해받고 인정받는 느낌을 갖기 어렵다.

걸림돌 3_ 노력해도 잘 바뀌지 않는 자동사고

나는 부모들이 문제해결능력을 갖추길 원했다. 집으로 돌아간 후 힘든 상황에 봉착한다면 어차피 스스로 원인을 파악하고 풀어나가야 하기 때문이다. 하지만 생각처럼 쉬운 일은 아니었다. 동수 엄마만 해도 몇 주째 힘든 시간을 보내고 있기 때문이다. 대부분의 아이들에게 효과가 있는 방법을 다 써봤지만 동수의 행동은 요지부동 변화가 없었다.

조선미 동수 어머니, 지난 주는 어땠나요? 여전히 동수가 힘들게 했나요?

동수맘 우리 동수는 왜 변하지 않을까요? 제가 자동사고도 바꾸려고 노력하고, 놀아도 주고, 스티커도 줬는데 도무지 이유를 모르겠어요. 우리 집이야말로 걸림돌에 걸려 한 발자국도 나가지 못 하는 것 같아요.

'자동사고'라는 말이 갑자기 크게 들렸다. 자동사고는 몸에 밴 습관이고 성격의 일부이다. 노력한다고 해서 쉽게 바뀌지 않는데, 다시 한 번 이 부분을 점검해야겠다는 생각이 들었다.

우리는 동수네 촬영화면을 보기로 했다.

#3. 학교에서 돌아온 동수는 엄마가 나갔다 올 동안 해놓으라는 숙제를 하지 않았다.

○○맘　이제 2학년인데 동수가 대놓고 엄마한테 반항적인 태도를 보이네요. 우리 애도 전에는 안 그러더니 좀 컸다고 혼을 내면 표정이나 말투가 예전 같지 않아요.

동수맘　제가 걱정하는 게 바로 그거예요. 어쩌면 동수 마음에 부모에 대한 반항심이 벌써부터 자리잡고 있는 게 아닐까 싶어요. 나중에 동수한테 '왜 그렇게 눈을 치뜨고 반항하니? 엄마 화나게 하려고 일부러 그런 거니?'라고 물었더니 일부러 그랬다고 하더라고요. 이건 동수의 마음속에 부모에 대한 부정적인 생각이나 반항심이 있어서 그런 게 아닐까요?

동수 엄마의 말이 이 부분에 이르자 '바로 이거구나!' 싶은 생각이 들었다. 엄마와 동수가 끊임없이 극단적인 감정폭발을 하는 이유는 그만큼 강력한 자동사고 때문이었다.

조선미　동수 어머니, 차분하게 한번 생각해보세요. 동수가 숙제를 하지 않은 진짜 이유가 뭐라고 생각하세요?

동수맘　글쎄요. 엄마 말을 무시해서 그런 것 아닌가요?

조선미　그럼 어머니가 이제 동수라고 생각하고 대답해보세요. 엄마가 화를 내면서 '너 일부러 안 하고 버틴 거야?'라고 물으면 동수 입장에서는 뭐라고 대답을 해야 할까요?

동수 엄마는 어리둥절한 표정이 되었다. 좀 더 쉽게 공감할 수 있는 예가 필요했다.

조선미 　만일 남편이 어떤 부탁을 했는데 다른 일이 바쁘다 보니 무심코 잊어버리고 못 했다고 해보죠. 그 일을 갖고 남편이 과하게 화를 내면서 '나를 무시하는 거야? 남편을 우습게 아는 거야?' 하면 어떻게 반응하게 될까요? 그런 마음이 아니었다고 성의껏 설득을 할까요? 아니면 말도 안 되는 소리를 한다고 생각해서 그냥 무시해버리게 될까요?

동수맘 　그러니까 그 말은 제가 동수로 하여금 그렇게 대답하게 했다는 그런 의미인가요?

조선미 　어머니는 동수가 지시에 따르지 않을 때 '이건 부모를 우습게 알고 무시하는 것'이라는 강한 자동사고를 하고 있어요. 그렇기 때문에, 벌어지는 모든 일들을 동수가 반항하는 것으로 받아들이는 거예요. 사실 동수는 별생각 없이 깜빡 잊고, 혹은 단순히 하기 싫어서 안 한 행동일 수 있거든요. 그런데 엄마가 모두 심각한 반항과 무시로 간주하고 반응하니까 동수도 점차 엄마와의 관계를 대결구도로 보게 된 것 같아요. 그렇게 되니까 간단한 지시와 단호한 태도로 해결될 많은 일들이 화의 폭발과 불필요한 대응으로 연결되고, 결국은 극단적인 상황까지 가게 되는 거지요.

우리가 자신이 가진 자동사고를 아이에게 어떻게 표현하고, 거기에 맞추어 아이가 어떻게 반응하는지를 정확하게 이해하면 잘못된 상호작용을 많이 바꿀 수 있다. 아이의 행동을 부모에 대한 반항으로 해석하지 말고 '지금 하기 싫어서 저러는 구나. 별생각 없이 한 행동이야'라고 이해하고 '그러면 어떻게 해야 내가 이것을 효과적으로 시킬 수 있을까?'로 생각을 바꾸어야 한다. 그래야 아이와의 불필요한 대결에 감정을 소진하는 일이 줄어든다.

걸림돌 4_ 스티커 제도의 부작용

이제 스티커 제도를 점검해볼 차례다. 목표행동이나 상의 내용, 상을 주는 시점에서 실수를 하는 경우가 많기 때문에 귀담아들을 필요가 있다. 먼저 초등학생 아이들의 반응이 어떠냐고 묻자 1학년 딸을 둔 아영 엄마가 망설임 없이 "좋아요!"라고 대답한다.

아영맘 저는 도구를 활용해서 아주 큰 효과를 봤어요. 지난번에 선생님하고 의논하던 중에 초시계를 사용해보면 어떨까 하는 말씀을 해주셔서 집에 가는 길에 초시계를 샀어요. 그랬더니 밥 먹을 때 옆에 초시계를 두고 먹더라고요. 가끔 수다를 떨긴 하지만 그때마다 '가만 있자, 남은 시간이 얼마나 되지?' 하면 금세 뚝 그치고 밥을 먹어요.

지난 시간에 혹시 효과가 있을까 해서 알려줬던 아이디어인데 이처럼 반응이 좋을 줄은 나도 예상하지 못 했다.

아영맘 그뿐이 아니에요. 시계 보는 데 재미가 들었는지 손 씻을 때나 옷 입을 때도 시간을 재보고 전보다 빨라지면 기분 좋아해요. 그러다 보니 계산도 빨라지고 시간개념도 정확해져서 시계 하나로 얼마나 득을 봤는지 몰라요.

○○맘 그러고 보니 어린애들에게 뭔가를 시킬 때는 재미있게 해주는 것도 좋은 방법인 것 같아요.

조선미 중요한 점을 말씀해주셨어요. 아이들은 하기 싫어하던 것도 놀이로 전환하면 거부감 없이 받아들입니다. 아영이처럼 초등학생이라면 나 혼자 뭔가 할 수 있다는 느낌을 주는 게 효과적인데, 그런 점에서 초시계는 아주 적절한 도구였던 것 같아요. 이때 기억할 점은 아영이가 초시계에 흥미를 느껴 지금 당장은 스티커 제도를 열심히 하지만 그 효과가 오래 가지 않을 수 있다는 거예요. 그러니까 아이가 흥미를 느낄 때 얼른 지금 하는 행동이 습관이 되도록 특별한 놀이와 긍정적인 관심, 칭찬으로 동기를 꾸준히 높여주셔야 합니다.

스티커 제도도 특별한 놀이처럼 모든 아이에게 마술적인 효과를 일으키지는 않는다. 스티커 제도가 잘 안 되는 부모들의 이야기를 들어볼 필요가 있다. 말없이 앉아있던 부모들이 기다렸다는 듯이 고민을 털어놓기 시작했다.

하나, 부모가 욕심을 부리면 아이는 의욕을 잃는다

가장 먼저 말문을 연 사람은 준호 엄마였다. 아이가 스티커에 열의를 보이지 않는다고 했다.

준호맘 혹시 초등학교 4학년 아이한테는 스티커가 너무 시시한 게 아닐까요?

조선미 어떤 행동에 스티커를 주기로 하셨어요?

준호맘 생각해보니까 아이 스스로 해줬으면 싶은 게 의외로 많더라고요. 아침에 스스로 일어나기부터 양말을 빨래 바구니에 넣기, 숙제하기, 책상 정리까지 하루에 꼭 해야 할 일을 적다 보니까 열두 개가 되더라구요. 어차피 준호가 해야 할 일이고, 저도 잔소리를 좀 덜하고 싶어서 이것저것 넣다 보니 그렇게 됐어요. 그게 문제였을까요?

목표행동 목록이 열두 개나 된다는 말에 모두들 놀라워했다. 순간 내 머릿속을 스치고 지나가는 게 있었다. 그동안 만나면서 보아온 준호 엄마는 아이의 공부에 대해서는 민감하게 반응했지만, 생활습관이나 버릇없는 말과 행동에 대해서는 관심이 없었고, 어떻게 행동하도록 가르칠 것인지에 대해서도 깊이 고민하지 않는 것처럼 보였다. 엄마의 그런 성향이 스티커 제도를 하는 데 그대로 반영된 것 같았다.

조선미 스티커 제도는 신중하게 하지 않으면 의외의 부작용이 생길 수 있습니다. 가장 흔한 예는 아이가 스티커에 열의를 갖는 것을 보고 부모 마음에 욕심이 생겨서 아이의 행동을 한꺼번에 바꾸려고 드는 거예요. 이렇게 되면 얼마 지나지 않아 아이가 힘들어서 스티커에 대한 의욕을 상실할 수 있습니다. 특히 큰 아이들은 부모가 스티커로 자기를 조종한다는 느낌을 받고 오히려 반감만 갖게 됩니다.

준호 엄마에게는 목표행동 목록을 대폭 줄여 다시 해보도록 권하면서 욕심을 부려도 효과가 없다는 점을 신신당부했다.

둘, 마음대로 규칙을 바꾸면 안 된다

이번에는 뜻밖에 영준 엄마가 손을 들었다. 영준이가 스티커 제도를 안 하겠다고 고집을 부려서 애를 먹었다는 것이다. 작은 사건이 있었다는데, 우선 당시 상황이 담긴 화면을 보고 이야기해보기로 했다.

#3. 집으로 돌아온 영준. 엄마도 예상하지 못한 행동을 해 보너스로 스티커 두 장을 추가로 주자 신이 났다.

간식 시간, 이번에도 영준이는 부르기도 전에 달려와 떡볶이를 먹는다.

스티커를 도로 빼앗는다는 말에 '우리 엄마 아닌 것 같다'는 영준이의 반응이 귀여워 다들 웃었다. 굳이 설명하지 않아도 영준이가 스티커 제도를 안 하겠다고 한 이유를 충분히 이해할 수 있었다.

영준맘   원래 스티커 뺏는 규칙은 없었어요. 그런데 동생 때리는 걸 보니 그렇게 좋아하는 스티커를 뺏는다면 나쁜 행동도 좋아지지 않을까 하는 마음이 든 거예요. 그런데 저 일이 있고 난 후 이틀 동안은 제대로 안 해서 애를 먹었어요. 다시는 뺏는다는 말을 하면 안 되겠어요.

○○맘   원래 뺏기도 하고 그럴 수 있는 거 아닌가요? 잘하면 주고, 나쁜 행동을 할 때는 뺏고, 그러면 더 효과가 좋을 것 같은데요.

스티커를 뺏는 것도 행동수정에서는 한 가지 방법으로 활용된다. 그러나 아이를 상대할 때는 아이의 특징을 고려할 필요가 있다. 스티커 제도에서 중요한 것은 좋은 행동에 대해 상을 준다는 의미도 있지만, 아이와 함께 원칙을 정하고 철저히 그 원칙을 따르도록 한다는 데 큰 의미가 있다. 즉, 합의된 규칙에 따라 아이에게 상과 벌을 주는 것이다. 그런데 동생을 때렸을 때 스티커를 뺏는 것은 처음에 없던 규칙이다. 이런 상황에서 아이는 예전처럼 엄마가 감정대로 자신에게 벌을 준다고 생각해서 억울함을 느끼고, 더 이상 규칙을 지킬 필요가 없다고 생각하게 된다. 부모가 일방적으로 규칙을 바꾸면 안 되는 이유이다.

셋, 상을 크게 정하면 안 된다

동수맘 저희 집은 스티커 때문에 큰돈이 나가게 생겼어요. 지난주에 가족회의를 열어서 동수 아빠, 동수, 저 이렇게 셋이서 상 목록을 정했어요. 스티커 20장을 모으면 컴퓨터 게임 30분 하기, 50장을 모으면 거북이 사주기, 그리고 100장을 모으면 컴퓨터 바꿔주기…….

컴퓨터라니, 사람들이 모두 놀란 듯했다. 하루에 받는 스티커가 5장이라면 100장을 모으는 데 한 달이 채 안 걸린다. 큰돈이 나갈 것 같다는 동수 엄마 말이 이해됐다.

상황이 어쩌다 이렇게 됐는지 알아보기 위해 우선 동수네 가족회의 장면이 담긴 촬영화면을 보기로 했다.

#4. 동수 아빠와 엄마, 동수가 스티커에 대해 가족회의를 하고 있다. 동수는 시큰둥한 표정이다.

화면이 끝나자 여기저기서 한숨소리가 들렸다. 동수가 스티커에 별 반응을 보이지 않자 관심을 갖게 하려다가 아빠가 그만 실수를 한 것 같았고, 또 엄마가 처음부터 '소원을 들어줄 거야'라는 식으로 말해

서 아이가 상에 대해 높은 기대 수준을 갖도록 만든 것도 문제였다.

조선미 일단은 동수와 약속한 거니까 스티커 100장을 모으면 컴퓨터를 사주시는 게 좋을 것 같네요. 대신 스티커 제도를 새로 시작할 때 상 목록을 조정해야 합니다. 동수와 상의하기 전에 먼저 어머니가 비용이 적게 드는 상을 다양하게 연구해서 작은 상과 큰 상이 적절하게 들어갈 수 있게 정해두는 게 좋습니다. 물론 처음에는 동수가 좀 불만스러워 하겠지만, 어머니가 스티커를 줄 때마다 칭찬하고 격려하면 조금씩 나아질 거예요.

동수 엄마가 대답을 하기는 했지만 왠지 확신이 없어 보였다. 아이 행동을 변화시키려면 스티커를 잘 활용해야 할 텐데, 과연 잘할 수 있을지 걱정이 되었다.

조선미 이번 주에는 변화의 걸림돌이 될 만한 것들을 함께 토론해보았습니다. 다음 시간까지 아이와의 관계에 충분히 적용해보시길 바랍니다. 참, 민주 어머니, 남편과는 별문제 없었나요?

민주맘 지난 주에 집에 가서 저하고 민주 아빠하고 민주, 이렇게 셋이 스티커 제도를 시작해보려고 목표행동 목록을 정하는데 그게 쉽지가 않았어요. 민주는 상으로 다 함께 뮤지컬을 보고 싶어 하는데 남편은 저랑 민주만 갔다오라는 거예요. 그리고 민주하고 잘 놀아주라고 했는데 아직도 그게 그렇게 미덥지가 않아요.

조선미   아빠가 협조를 안 해줘서 힘들다는 이야기를 매주 들은 것 같은데, 역시 그게 계속 걸림돌이 되네요. 하지만 지금 민주 어머니께서 집중해야 할 문제는 남편을 원망하는 게 아니라, 민주와의 관계를 회복하기 위한 방법을 찾는 것입니다. 이 토론에 참여하기로 결심한 사람은 민주 어머니고, 민주가 행복한 어른으로 자라기를 절실히 바라는 것도 민주 어머니입니다. 지금 시점에서 아빠는 엄마를 따라오는 입장이에요. 민주에게 집중하는 것이 가족 모두 변화하는 데 훨씬 효과적일 거라는 생각이 드네요.

부모들이 지금까지 해왔던 것처럼 꾸준히 노력한다면 아이도 달라진 모습을 보일 거라고 생각한다. 걸림돌이 있었다면 치우고, 이제 다시 변화를 위해 노력해보자고 나는 부모들을 격려했다.

요약노트

중간점검, 변화의 걸림돌 치우기

1 훈육이 필요한 상황 VS 감정을 읽어주어야 하는 상황
- 책임이 아이에게 있을 경우 아이의 감정을 읽어주고 격려한다.
  예) 아이가 자기 물건을 잃어버렸을 경우 아이에게 책임이 있다.
- 책임이 엄마에게 있을 경우 훈육을 통해 규칙대로 한다.
  예) 마트에서 아이가 떼를 쓸 경우 엄마에게 책임이 있다.
- 나이가 어릴 경우 부모가 훈육을 통해 상황을 해결한다. 상황이 해결된 후 아이 수준에 맞는 설명과 함께 감정을 읽어주도록 한다.
  예) 동생과의 싸움을 스스로 중단하기 어려운 어린아이에게는 훈육이 우선 필요하다.
- 초등학생으로 스스로 문제를 해결할 수 있을 경우 가급적 마음을 읽어주면서 자발적으로 잘못된 행동을 고치도록 유도한다.
  예) 고학년 이상의 아이들에게는 협동할 수 있는 방법을 스스로 찾도록 격려한다.

2 자동사고 & 스티커 제도 점검하기
- 자신이 가진 자동사고를 아이에게 어떻게 표현하는지, 거기에 따라 아이가 어떻게 반응하는지 정확하게 이해한다.
- 아이의 행동을 효과적으로 바꾸는 방법에 대해 고민하고, 아이와의 불필요한 대결에 감정을 소진하지 않는다.
- 부모가 욕심을 부리면 아이는 의욕을 잃는다.
- 마음대로 스티커 제도의 규칙을 바꾸면 안 된다.

> 5강

아이 마음 헤아리기

정해진 시간보다 일찍 도착해 눈인사를 나누는데 몇몇 부모들이 애기를 나누고 있다.

○○맘 그러니까 스티커 제도를 하면서 전에 비해 애가 말을 잘 듣는 건 사실인데 무슨 조화인지 내 마음이 별로 편하지 않았어요. 전 같으면 원하는 걸 들어줄 때까지 울고 떼를 써서 힘들었는데 지금은 애가 스티커를 하나하나 세면서 참는 모습을 보니 한편으로는 대견하면서도 다른 한편으로는 뭐랄까 애가 안쓰러워 보이는 거예요.

○○맘 저도 비슷한 경험을 했어요. 애가 컴퓨터 게임을 계속 하기에 하나 둘 셋을 세고 바로 껐어요. 애는 포기하고 다른 놀이를 하는데 제 마음이 안 좋더라고요. 내가 너무 애한테 매몰차게 군 건 아닐까 하다가 결국 평소에는 잘 안 사주

던 아이스크림까지 사주었어요.

들어보니 아이의 행동이 점차 변하고 있는데 이 변화에 대해 부모 마음이 편치만은 않다는 내용이었다. 왜 그런 마음이 드는 걸까? 이번 시간에는 아이 마음을 헤아려보자고 했다. 더불어 부모 마음도 헤아려봐야 할 듯하다.

조선미   좀 전에 여러분들이 하는 이야기를 잠깐 들었는데, 아이들이 보상을 얻기 위해 참는 모습을 볼 때 왠지 마음이 편치 않다는 내용이었어요. 다른 경우에도 이런 감정을 느낀 적이 있었나요?

○○맘   비슷한 건지 모르겠는데, 요즘 애들 유행하는 게임기 있잖아요, 친구들은 그걸 다 가졌다고 사달라고 하는데 비싸서 못 사준다고 했어요. 그런데 텔레비전에서 그 게임기 광고

가 나올 때마다 제가 애 표정을 살피고 있더라고요. '에라, 모르겠다. 사줘버릴까?' 하는 마음도 들고.

○○맘 애가 학교에 용돈을 가지고 갔다가 잃어버렸어요. '네가 잃어버렸으니까 책임져라' 하고 돈을 안 줬는데 며칠 동안 마음이 불편했어요. 결국은 다른 핑계를 대고 그만큼 주고 말았어요.

의외로 많은 부모들이 비슷한 감정을 느낀다고 말했고, 이 때문에 처음에 정한 규칙에서 물러나게 되는 경우도 꽤 되는 것 같았다. 이야기를 다 듣고 나서 나는 부모와 아이의 감정에 대해 좀 더 자세히 알아보고 이런 상황에 어떻게 대처해야 할지 이야기해보기로 했다.

지켜봐 줘야 할 때

조선미   아까 아이들이 스티커를 얻기 위해 참는 모습을 보면 안쓰러워 보인다고 누가 말씀하셨는데, 지금 그 이야기를 좀 더 해볼까요? 왜 그 모습이 그렇게 안쓰러워 보일까요?

○○맘   부모 마음이라는 게 아이가 원하는 것은 다 해주고 싶은데 그걸 못 해줘서 그런 거겠지요?

○○맘   맞아요. 애는 나 같지 않게 저 하고 싶은 것을 마음껏 하면서 컸으면 좋겠는데, 어린 게 뭔가를 참는다는 게 그렇게 보이는 거지요.

○○맘   부모 자신의 어릴 적 경험하고도 상관이 있는 것 같아요. 저는 집이 어려워서 항상 언니 옷을 물려받았는데 그게 얼마나 싫었는지 몰라요. 그래서 우리 둘째는 큰애 것을 안 주고 웬만하면 새로 사줘요. 그런데 간혹 큰애 것을 입히게 될 때가 있는데 그 모습을 보면 많이 짠하더라고요.

이야기를 들어보니 정도의 차이는 있으나 다들 비슷한 느낌을 경험한 것 같았다.

조선미   그러니까 아이가 좌절을 느낄 때 엄마 마음이 불편하고, 때로는 그게 자신의 경험과 관련이 있다는 거지요? 그럼 그때 아이에게 어떻게 대하게 되나요?

○○맘   무섭게 대하다가도 안됐다는 마음에 제가 좀 양보를 하죠.

○○맘   딱 이번만이야 하고 원하는 걸 들어주는 경우도 많아요. 그런데 보면 제가 항상 그러더라고요. 이번만, 이번만 하고 봐주다 보니까 제 말이 안 먹혀서 요즘은 이를 악물고 그 말을 안 하려고 노력하지만 쉽지 않아요.

준우맘   그건 원칙에 안 맞는 것 아닌가요? 정한대로 해야 하는 거잖아요.

적절한 시점에서 반론이 나왔다.

○○맘   물론 원칙에 맞지 않죠. 그럼 준우 어머니는 그 상황에서 어떻게 하세요?

준우맘   저도 그 상황이 너무 힘들어요. 애가 기분 나빠하는 걸 견디지 못 하겠고, 그렇다고 원칙을 어길 수도 없고 그러다가 '다 그만 두자. 기분 나쁘자고 한 게 아니잖아' 이런 적이 많아요. 그때는 제 감정을 어쩌지 못 해 화를 내고는 나중에 후회하게 되죠.

원칙대로 한다는 대답을 할 거라 생각했는데 뜻밖의 대답이 나왔다. 우리는 어떤 상황에서 준우 엄마가 이렇게 행동하는지 궁금해졌다.

#1. 할머니 댁에 갈 때 차 안에서 조용히 있으면 스티커를 받기로 했던 준우는 동생과 다투는 바람에 스티커를 받지 못 하게 되었다.

화면이 끝났는데도 서럽게 우는 준우의 울음소리가 들리는 듯했다.

○○맘   생각해보니까 저도 저런 적이 여러 번 있었던 것 같아요. 잘해 주려고 애쓰는데 애가 이것도 싫다, 저것도 싫다 하면 다 관두라고 소리를 질러요.

○○맘   저도 애가 시큰둥하거나 부루퉁해 있으면 그걸 잘 못 참겠어요. 내 탓인 것만 같고.

○○맘   그래요. 애가 기분 좋을 때는 신경이 안 쓰이는데 그렇지 않을 때는 굉장히 힘들어요. 애가 상처받는다는 느낌 때문에 그런 것 같아요.

조선미   지금 말씀하신 건 아이 마음을 헤아리는 데 중요한 포인트입니다. 한번 생각해보세요. 애가 기분이 나쁘다는 건 부모한테 어떤 의미일까요?

○○맘   아무리 생각해도 잘 모르겠어요. 애가 울면 그냥 확 감정이 치솟고, 어떻게 해서든 그걸 멈추게 해야 한다는 생각 외에 다른 생각은 떠오르지 않았던 것 같아요.

조선미   그 당시에는 아무 생각이 안 났다는 게 당연한 반응일 수 있어요. 부모의 역할이라는 게 아이를 돌보고 보호하는 것이니까, 아이에게 뭔가 좋지 않은 상황이 발생하면 자동적으로 해결하고 도와주려고 하게 되지요.

○○맘   그럼, 아이를 기분 상하게 하면 안 되는 건가요? 그 말은 곧 애

를 울리면 좋은 엄마가 아니라는 말이 되는데, 항상 그런 건 아니잖아요.

한 엄마가 곧 핵심적인 질문을 던졌다. 지금 나누는 이야기의 의미를 이해한 것 같아서 반가웠다.

조선미 그래요. 무조건 도와주고 해결해주고, 어떻게 해서든 울음을 그치게 하는 건 아닌 것 같지요? 그럼 어떤 상황에서 그런 행동이 필요할까요?

○○맘 배가 고프거나 아플 때는 무조건 도와주어야 할 것 같아요.

○○맘 누구한테 맞았거나 혼났을 때도요. 앗! 그런데 혼내고 때리는 게 주로 엄마네요.(웃음)

○○맘 갖고 놀던 장난감이 고장 났을 때도 그렇지 않을까요? 우리 애는 바로 도와주지 않으면 울어버려요.

○○맘 고칠 수 없으면 어떡하죠? 또 사줘야 하나요?

○○맘 그럴 수는 없지만 달래는 줘야죠.

○○맘 그런 일이 한두 번이 아닌데 그때마다 달래주기는 어렵지 않을까요? 어느 정도는 참기도 하고 안 되면 다른 걸 갖고 놀 수도 있어야 하지 않을까요?

○○맘 애가 어린데 그게 가능할까요?

○○맘 숙제를 못 했을 때는요? 우리 애는 꼭 밤늦게 숙제를 하면서 졸려서 나중에는 울기도 해요.

○○맘　그때마다 엄마가 도와주면 아이는 숙제를 안 하고 잠을 자게 되지 않을까요?

서서히 논쟁이 불붙기 시작했다. 질문과 대답이 끝없이 이어졌다. 그만큼 이 주제는 일상생활과 밀접하게 연관되어 있다는 증거이다.

조선미　이 정도에서 정리를 하지요. 우선 부모라는 존재는 아이가 불편하거나 불쾌할 때 자동적으로 해결해주고 싶어 합니다. 그런데 지금 나눈 이야기들을 정리해봤을 때, 애가 아프거나 다치거나 하는 위급한 상황에서는 생각하거나 망설일 것 없이 바로 부모가 달려가서 도와주는 게 맞아요.

그런데 그 다음부터는 좀 달라요. 배가 고프거나 장난감이 고장 나거나 자전거가 마음대로 움직이지 않을 때 어린아이라면 부모가 옆에서 차분하게 해결해주거나 달래주는 게 좋습니다. 그렇지만 아이가 크면 클수록 좌절에 대한 감정을 스스로 견딜 수 있어야 합니다. 숙제를 못 했으면 밤늦은 시간이라도 해야 하고, 지각을 했으면 벌도 받고, 좀 억울해도 정해진 규칙을 지키는 게 아이가 바르게 성장하는 과정이라고 생각해요. 이때 만일 부모가 개입해서 아이의 감정을 풀어주려고 하면 어떻게 될까요?

○○맘　참을성이 없어지겠죠. 안 그래도 요즘 애들이 그런 점이 많이 부족한 것 같아요.

○○맘　또 있어요. 무슨 일이 생기면 무조건 부모한테 해결해달라고 하겠죠.

많은 사람들이 합당한 결론을 내리기 시작했다.

준우맘　그럼, 준우가 규칙을 지키지 않아 스티커를 못 받은 경우는 어떻게 해야 하나요?

조선미　한 가지 알려드리면 집에 올 때쯤 준우 기분은 그렇게 나쁘지 않았어요. 그런데 어머니가 계속 신경 쓰여서 준우에게 다시 물어보니까 잊어버렸던 감정을 준우가 다시 기억해낸 거지요. 내버려뒀으면 오히려 빨리 끝났을 일이었어요.

감정적으로 섬세한 부모는 아이의 좌절을 지켜봐야 하는 스트레스 때문에 원칙을 지키지 못 하는 경우가 많다. 특별한 놀이는 어렵지 않은데 스티커 제도나 효과적으로 지시하기가 힘들다고 하는 것도 이런 문제와 관련이 많다. 부모로서 아이를 기쁘게 하고 돌봐주는 것은 힘들지 않으나 아이가 스스로 해결하고 어려움을 참도록 지켜보는 게 어렵다면 부모로서 절반의 노력만을 하고 있음을 알아야 한다.

마음을 다독여줘야 할 때

○○맘　다른 걸 좀 물어봐도 될까요? 얼마 전에 우리 애가 '엄마는 죽

어, 안 죽어?' 하고 물어본 적이 있는데, 그렇게 봐서 그런지 며칠 동안은 괜히 불안해하더라고요. 생전 안 그러던 애가 밤이면 문이 제대로 잠겼나 확인하고, 제가 조금이라도 늦으면 왜 안 오냐고 전화를 해서 놀랐어요.

○○맘 우리 애는 더 심해요! 밤에 혼자 잠을 못 자고 항상 같이 자려고 하는데, 심지어 중간에 제가 다른 곳에 가면 울면서 찾아와요. 애가 많이 불안해하는 것 같아 걱정이에요.

이 말을 들으니 오래전 기억이 떠올랐다. 어떤 어머니가 1학년 아이를 데리고 병원을 찾아왔다. 아이가 갑자기 불안이 심해졌다고 하면서. 그럴 만한 일이 있었는지 물었더니 할머니가 돌아가신 것 외에는 별일이 없었다고 한다. 혹시 할머니가 돌아가시고 애가 상실감을 많이 느꼈나 물어봤더니 그건 아니라고 했다. 그럼 다른 기억나는 일이 있는지 물었더니 할머니가 돌아가시고 한동안 아이가 사람들은 다 죽느냐고 물었단다. 어머니는 아이에게 가능하면 정확하게 알려주는 게 좋다고 생각해서 엄마나 아빠도 언젠가는 다 죽는다고 말해줬다고 한다. 나는 다른 엄마들은 어떻게 생각할지 궁금했다.

조선미 자, 어머니들 같으면 이럴 때 어떻게 하셨을까요?

○○맘 나중에 나이 들면 차차 알 걸 너무 미리 알려준 것 아닐까요?

○○맘 그래도 1학년이면 그 정도는 알아도 되지 않을까요? 우리 애도 그만할 때 죽음에 대해서 물어봤는데 사실대로 말해줘도 별문

제 없었어요.

부모들은 저마다 의견을 말했지만 아이가 왜 그런 질문을 했는지 아이의 속마음을 알아주는 대답은 나오지 않았다.

조선미 우리가 지금 어떻게 하는 게 가장 좋은지 정답을 찾는 과정에서 잊지 말아야 할 점은 정답이 항상 아이에게 있다는 겁니다. 내용에 집중하면 실수할 수 있습니다. 자, 아이가 왜 이런 질문을 했을까요?

○○맘 불안했던 거 아닐까요? 엄마 아빠가 죽으면 어떡하나 하고.

조선미 바로 그거죠. 할머니가 돌아가시는 걸 보니까 문득 불안한 거예요. '내가 사랑하는 사람이 죽을 수도 있구나!' 그런 마음이 들어서 물어본 거지요. 그럼 어떻게 대답해주는 게 좋을까요?

준우맘 준우도 '엄마는 죽지 말아야 돼' 그런 적이 있었는데 저는 그냥 '알았어' 하고 대답했어요.

민감하게 아이의 마음을 잘 읽어준 대답이다. 아이들은 종종 죽음이나 사고, 화재에 대해 질문을 한다. 그건 대부분 불안의 표현이다. 불안은 누구에게나 있지만 아이들은 부모에게 전적으로 의지하며 살기 때문에 더 자주 강한 불안을 경험할 수 있다. 불안은 야단치거나 화낸다고 해서 없어지는 게 아니다. '그게 뭐가 무서워? 남자애가 왜 그래?' 이런 식으로 대하면 자신감까지 꺾이게 된다. 그럴 때는 마음이 편해질 때까지 안심시켜주고 편하게 해주는 게 제일 좋은 방법이다.

지훈맘 이 이야기는 저한테 도움이 되는 것 같아요. 지난번에도 남편과 몇 달 떨어져 있던 다음부터 아이가 유난히 가족에 집착한다고 말씀드렸잖아요. 그런데 제가 이 토론에 참여하고 난 후 아이가 가족에 집착하는 모습이 없어져 안심하고 있었는데, 얼마 전에 동생을 낳아달라고 하더라고요. 그러더니 "그래도 걔는 안됐다. 다섯 살 때부터 엄마가 관심 안 가져줄 거잖아" 하고 말하는데 가슴이 철렁했어요. 아직도 그 상처가 남은 거겠죠?

그 말을 듣고 나니 얼마 전 지훈이와 상담했던 기억이 떠올랐다.

조선미 : 지훈이는 어떤 때 기분이 좋아?

지　훈 : 엄마가 화 안 낼 때요.

조선미 : 엄마가 화를 내면 지훈이는 어떻게 해?

지　훈 : (머뭇거리다가) 나도 화나!

조선미 : 엄마가 화내고, 네가 화내면 아빠는 어떻게 하셔? 그러다가 엄마와 아빠도 서로 화낼 때 있어?

지　훈 : (고개를 끄덕거리며) 옛날에는 많이, 요즘에는 가끔.

조선미 : 그때 기분이 어땠어?

지　훈 : 싫어요.

조선미 : 엄마하고 아빠하고 자꾸 싸우다 보면 어떻게 될 것 같아?

지　훈 : (생각하다가) 한 사람이 집 나갈 것 같아요.

조선미 : 누가 나갈 것 같아?

지 훈 : 엄마가.

조선미   지훈 어머니, 예전에 집을 나갔던 게 남편과의 갈등 때문이라고 하셨죠? 요즘은 남편과 사이가 어떤가요?

지훈맘   전보다는 낫지만 좋은 편은 아니에요.

조선미   지훈이는 이미 엄마와 떨어졌던 경험이 있기 때문에 분리에 대해 다른 애보다 민감할 거라고 예상할 수 있어요. 그러니까 엄마와 또 헤어질 수 있다는 단서가 지훈이에게는 상당한 공포일 수 있다는 거지요. 혹시 두 분이 다투면 지훈이가 눈치를 많이 보지 않나요?

지훈맘   눈여겨보지는 않았지만 싸우고 나면 저한테 와서 '엄마, 괜찮아?' 하고 물어봐요. 그게 눈치 보는 거일 수도 있겠네요.

조선미   엄마 아빠의 싸움은 부모가 상상하는 것 이상으로 지훈이에게 힘든 상황입니다. 지난번에 상담할 때 세 가지 소원을 말해보라고 했더니 첫째 소원은 엄마가 화내지 않는 것, 둘째 소원은 아빠가 화내지 않는 것, 셋째 소원은 없다고 대답했어요. 여전히 지훈이에게는 후유증이 남아 있어요. 두 분이 함께 노력하는 게 필요합니다.

아이의 행동과 감정을 구분할 때

○○맘　지금까지 이야기들은 대충 이해할 수 있어요. 그렇지만 애가 화를 내거나 대들 때면 정말 참기 어려워요.

○○맘　정말 그래요. 그게 보통 어려운 게 아니에요.

정은맘　제가 제일 못 참겠는 건 애가 문을 쾅 닫고 들어가는 거예요.

정은이는 이제 겨우 다섯 살인데 사춘기 아이처럼 소리 나게 문을 닫아 불만을 표한다니 믿어지지 않았다. 그 상황을 촬영한 화면이 있다고 해서 우리는 함께 보기로 했다.

#2. 정은이가 동생에게 장난감을 주지 않자 어른들이 뺏어서 동생에게 준다.

다 큰 애가 버릇없이 엄마 면전에서 문을 쾅 닫는 장면을 상상했는데, 조그마한 정은이가 삐쳐서 쪼르르 방안에 들어가는 걸 보고 우리 모두 웃음이 났다.

조선미 문 닫고 방으로 들어가는 것에 왜 그렇게 화를 내셨어요?

정은맘 다른 행동은 모르지만 자기 기분 안 좋다고 문을 쾅 닫는 행동은 해서는 안 된다고 생각해요. 그때 정말 많이 야단쳤어요.

동수맘 맞아요. 그런 행동을 하면 정말 화가 나요. 동수도 화나면 쿵쿵거리고 걸어가서는 문을 쾅 닫는데, 부모를 무시하는 것 같은 생각이 들어요.

조선미   정은 어머니, 다섯 살짜리 애가 장난감을 뺏겨서 화가 났는데 엄마한테 떼쓰는 것도 안 되고, 장난감을 뺏어간 동생한테 화풀이하는 것도 안 된다면 그때 할 수 있는 건 뭐가 있을까요?

정은맘   그래도 그런 행동은 하면 안 되지요. 화났을 때 해도 되는 행동이 있지만 안 되는 행동도 엄연히 있는 거 아닌가요?

조선미   물론 그렇지요. 그런데 아이에게는 화났을 때 어떻게 하라고 하면 좋을까요? 안 되는 행동에 대한 기준은 분명하신 것 같아요. 그럼 되는 행동은요?

정은맘   (자신 없는 목소리로) 참아야지요.

그 대답에 우리는 다 같이 웃었다. 결국 우리가 어떤 생각을 갖고 있는지 확인한 셈이었다.

조선미   맞아요. 그게 바로 부모들이 갖고 있는 생각입니다. 화가 났을 때 아이가 보이는 행동은 대부분 용납하기 어렵습니다. 해도 되는 행동은 거의 없기 때문에 대체로 참으라는 말을 하지요. 그런데 애가 참지 않으니까 그걸 갖고 또 야단을 치게 됩니다.

○○맘   그럼 맘대로 하게 두어도 되나요? 그런 행동을 내버려두면 나중에 더 심해지지 않을까요?

조선미   물론 아무 행동이나 해서는 안 되지만 감정 자체는 인정해주는 게 필요해요. 그러니까 "네가 화난 건 알겠지만 그렇게 행동하는 건 안 돼!"라고 말해야 하는 거지요. '왜 화가 나? 그게 화낼 일이야?' 심지어 '너 화내는 거야?' 이런 식으로 대하면 아이는 감정을 인정받지 못 하니까 더 격하게 반응할 수 있어요.

알듯 말듯 애매한 표정을 짓는 걸 보니 행동과 감정을 구별하는 게 금방은 어려운 것 같았다.

현중맘 그게 그렇게 쉬운 일은 아닌 것 같아요. 정은이는 아직 어린애지만 우리 현중이처럼 큰 애가 눈을 똑바로 뜨고 대들면 저도 이성을 잃게 돼요. 어떤 때는 화가 폭발해서 끝까지 가기도 해요.

말을 하면서도 감정을 주체하기 어려운지 목소리가 가늘게 떨렸다. 나는 이 상황을 지켜보면서 분노라는 감정이 아이와 부모의 관계에서 정말로 큰 역할을 한다는 것을 느낄 수 있었다.

조선미 현중이 나이 정도면 자기 생각이 분명해지기 때문에 분노 반응도 강하고, 엄마의 지적에 대한 반응도 예민해지는 게 보통이지요. 이럴 때는 부모가 일방적으로 몰아붙이면 싸움이 되는 경우가 많아요. 어느 정도는 들어주고 함께 해결해나간다는 마음을 가지셔야 합니다.

현중맘 애가 대들고 화를 내는데 그 상황에서는 차분하게 이야기를 들어주기가 어렵죠.

조선미 아마 일단 감정이 올라오면 상황을 수습하기 상당히 힘들 겁니다. 그 전에 상황을 살펴보는 것이 더 도움이 될 거예요. 대체로 현중이가 어떤 상황에서 화를 내나요?

현중맘   뻔하죠. 컴퓨터를 그만 하라거나 숙제를 하라고 몇 번 잔소리를 하면 벌써 인상을 쓰면서 알아서 할 건데 잔소리를 한다고 하지요.

조선미   뻔한 일인 것 같지만 상황을 자세히 보면 현중이가 이유 없이 엄마한테 대드는 게 아닐 거예요. 뭔가 사건이 있고 옥신각신하다가 엄마가 감정을 폭발시키니까 아이도 화를 내는 게 대부분일 겁니다. 특히 현중이 나이의 아이는 부모가 일방적으로 강요하고 윽박지르면 말싸움만 벌어지고, 서로 감정이 격해지는 게 보통이지요.

동수맘   그럼, 그냥 내버려 둬야 하나요? 애가 자기 일을 하거나 말거나 내버려 두면 엉망이 될 텐데.

조선미   그건 아닙니다. 제가 말씀드리고자 하는 것은 분노가 아이와 부모를 다 힘들게 하니까 좀 이해할 필요가 있다는 겁니다.

동수맘   구체적인 방법을 듣기 전에는 이해가 잘 안 돼요. 그럼, 어떻게 해야 하나요?

조선미   우선 아이가 일방적인 강요를 당하면 화를 내는 게 당연하다고 받아들이는 겁니다. '네가 뭘 잘했다고 화를 내? 감히 엄마한테 화를 내?'라고 생각하면 더 화가 납니다. '하기 싫은 걸 하라니까 화를 내는구나' 하고 받아들이면 좀 냉정해질 수 있지요. 더 좋은 방법은 말을 하기 전에 이 상황이 어떻게 진행될지 미리 예측을 해보는 겁니다. '이렇게 말하면 버티고 화를 내겠지' 하는 결과가 예상되면 잠깐 시간을 갖고 더 좋은 방법을 생각할 수 있습니다.

○○맘   그럼 일단 화가 나면요? 그 상황에서는 어떻게 하는 게 좋을까요?

내 말이 끝나기가 무섭게 바로 질문이 나오는 걸 보니 이 주제가 꽤 부모들의 감정을 자극하는 것 같았다. 감정적으로 부딪칠 때는 별 뾰족한 수가 없다는 걸 경험으로 알면서도 혹시 방법이 있지 않을까 하는 마음도 일조하는 듯했다.

조선미   일단 격하게 화가 난 상태에서는 어떤 방법을 써도 금방 감정이 가라앉기는 어렵습니다. 어떤 책에서는 심호흡을 하고 숫자를 세라고 하지만 제가 해봐도 쉽지 않더라고요. 그나마 해볼 수 있는 건 일단 그 상황을 피하는 겁니다. 화가 난 걸 느끼는 순간에 잠시 시간을 갖기로 하고 아이 방에서 나온다거나 좀 있다 이야기하자고 하고 일단 아이와 떨어지는 게 좋습니다.

분노라는 감정 앞에서 다 같이 무력감을 느끼며 분위기가 무겁게 가라앉았다. 이번 시간에 아이 마음을 헤아리기로 한 만큼 피할 수 없는 주제였지만 나 역시도 이 주제에 오래 머물고 싶지는 않았다. 마침 시간도 거의 끝나가고 있어서 부모들에게 다음 토론에서 다루게 될 주제와 관련된 과제 지침서를 나눠주었다.

> ### ♥ '생각하는 의자'
>
> * 하지 말아야 할 행동이 무엇인지 결정한다.
>   - 다른 사람 때리기, 물건 던지기, 욕하기, 물건을 뺏거나 망가뜨리기
> * 집 안 한쪽에 '생각하는 의자'를 둔다.
>   - 의자는 바퀴가 달려 있거나 자유롭게 움직이는 것은 안 되고, 가능하면 팔걸이가 있는 게 좋다. 의자의 위치는 엄마가 아이의 행동을 관찰하기 쉽고, 아이 입장에서는 텔레비전이나 다른 사람의 움직임을 볼 수 없는 곳이어야 한다. 장소를 찾기 어려우면 앉았을 때 벽을 향하게 의자를 놓으면 된다.
> * 아이에게 앞으로 어떤 행동을 하면 '생각하는 의자'에 앉게 되는지 구체적으로 설명한다.
> * '생각하는 의자'에 앉는 시간은 아이의 나이×1 또는 2 정도로 정한다.
> * 의자에 앉기로 한 행동을 했을 경우, 즉각적으로 의자에 앉게 한다. 아이가 순응하지 않으면 강압적으로라도 앉게 한다.
> * 화장실에 가고 싶다거나 졸립다거나 하는 요구는 시간이 끝날 때까지 기다리도록 한다.
> * 의자에서 일어서거나 심하게 떼를 쓰면 의자에 더 앉게 된다는 점을 미리 이야기하고 정한 대로 시간을 늘린다.
> * '생각하는 의자'를 적용하면서 엄마가 화를 낼 필요는 없으나 단호하게 미리 정한 규칙대로 반드시 실시한다.

조선미 　자, '생각하는 의자'는 다들 잘 알고 계시죠? 다음 시간에는 아이에게 행동의 경계를 알려주는 방법에 대해서 알아볼 텐데, 그 방법으로 가장 많이 활용되고 있는 것이 바로 '생각하는 의자'예요. 그동안은 아이가 하지 말아야 할 행동을 했을 때 어머니들은 어떻게 하셨나요?

○○맘 　처음에는 하지 말라고 좋은 말로 몇 번 타이르다가 그래도 계속 하면 소리 지르고 화가 폭발하고 말지요. 나중에 화가 가라앉고 나서야 '화내지 말자고 그렇게 다짐해놓고 또 그랬구나' 싶은 게 허탈하기도 하고, 씁쓸했어요.

조선미 　자, 앞으로는 아이가 하지 말아야 할 행동을 하면 소리 지르거나 화내지 마시고 대신 '생각하는 의자'를 적용하면 됩니다. 우선 집에 돌아가셔서 어떤 행동에 '생각하는 의자'를 적용하면 좋을지 아이와 함께 의논해보세요. 또 아이에게 "네가 이런, 이런 행동을 하면 엄마는 너무 화가 나. 앞으로는 이런, 이런 행동을 하지 않았으면 좋겠어" 하고 충분히 설명한 뒤에 "그래서 앞으로 엄마는 네가 이런 행동을 하면 '생각하는 의자'에 몇 분 동안 앉게 할 거야!"라고 분명하게 규칙을 알려주세요. 그리고 아이가 하지 말아야 할 행동을 했을 때 규칙대로 '생각하는 의자'에 앉게 하는 겁니다. 할 수 있으시죠?

경민맘 　(걱정스러운 목소리로) 전에 텔레비전에 나온 것을 보고 '생각하는 의자'를 해본 적이 있는데, 아이가 의자에 앉아서 반성은 안 하고 딴청만 부렸어요. 그럴 때는 어떻게 해야 하나요?

조선미 '생각하는 의자'는 거기 앉아서 뭘 잘못 했는지 생각하고 반성하라는 의미의 의자가 아니에요. 그냥 '생각하는 의자'에 앉아 있는 시간이 아이한테 너무 지루해서 정해진 시간만큼 버티는 게 괴로우면 됩니다.

우리는 오늘 아주 어려운 주제를 놓고 토론을 벌였다. 하지만 아이와의 관계에서 부딪히는 감정문제를 더 이상 피하지 않았다는 점에서 큰일을 해냈다고 생각한다.

그래서일까? 여느 때와는 달리 토론을 마친 부모들은 조용히 자리를 떠났다.

> 요약노트

아이 마음 헤아리기

1 지켜봐 줘야 할 때
- 나이가 어려서 아이 스스로 해결하기 어려우면 부모가 직접 해결해주고 달래준다.
- 두 돌 이후에는 필요한 통제를 하면서 사소한 좌절은 어느 정도 견디도록 한다.
- 나이가 들어갈수록 가급적 스스로 상황을 풀어가도록 격려하고 지켜본다.
- 누구의 힘으로도 풀 수 없는 상황이라면 그 상황을 받아들이도록 아이를 격려하고 마음을 읽어준다.
- 적절한 좌절 경험은 아이의 성장에 도움이 된다는 것을 기억한다.

2 아이의 행동과 감정을 구분할 때
- 분노의 감정은 당연한 것이므로 억지로 누를 수 없다는 점을 받아들인다.
- 분노를 일으킬 만한 말이나 행동을 미리 알아두고 조심하도록 한다.
- 부모가 화를 낼 때는 아이도 화를 낼 수 있음을 기억한다.
- 화날 때 해도 되는 행동에 대해 미리 이야기해둔다. 방에 들어가서 베개를 치거나 종이를 찢는 정도의 행동을 허용한다.
- 이미 화가 났다면 가급적 그 자리를 피하고 나중에 이야기하도록 한다.

> 6강

아이 행동의
경계 정해주기

나는 이제 아이들의 잘못된 행동을 고치기 위해 좀 더 강력한 방법을 사용할 때가 되었다는 생각을 했다. 그래서 오늘의 토론 주제는 아이들이 하지 말아야 할 행동에 단호하게 대응하는 방법으로 정했다.

이야기를 시작하니, 기다렸다는 듯이 상기된 표정의 유성 엄마가 말문을 열었다.

유성맘 지난주에 피아노 학원에서 아이가 안 왔다고 연락이 왔지 뭐예요. 깜짝 놀라 학교부터 놀이터까지 다 뒤졌는데, 알고 보니 말도 없이 친구네 집에 놀러갔더라고요. '학교 끝나면 무조건 집에 와서 허락받고 놀러가고, 친구네 집에 가면 꼭 전화를 해라' 하고 신신당부를 했지요. 그런데도 그날 이후 몇 번이나 비슷한 일이 있었어요. 도대체 어떻게 해야 할지 모르겠어요.

나는 다른 부모들이 유성 엄마에게 도움이 될만한 조언을 해줄 수 있을지 물어보았다.

○○맘 위험하지 않다면 간혹 이런 일이 생기는 것은 봐줘야 하지 않을까요?

○○맘 그건 아닌 것 같아요. 그렇게 봐주기 시작하면 아이가 클수록 엄마의 말을 더 우습게 알 것 같아요.

○○맘 그렇지만 가끔 학원에 가기 싫을 수 있지 않을까요? 학교도 아닌데 너무 심하잖아요.

아이가 어릴 때는 이런 행동은 해도 되고, 이런 행동은 하면 안 된다는 경계가 분명하지 않다. 어리니까 그럴 수도 있다고 봐주는 경우도 많다. 하지만 아이가 커갈수록 부모는 아이에게 기대하는 행동이 분명해지고 기준이 높아지게 된다.

그런데 언제부터, 어떤 행동에, 어떻게 대응해야 할지는 애매하다. 유성이처럼 1학년짜리가 학원을 빠졌을 때는 어떻게 해야 하는지, 식탁에 놓아 둔 잔돈으로 허락받지 않고 과자를 사먹었을 때는, 동생이 한 대 때렸다고 맞받아쳐서 때렸을 때는?

해도 되는 행동과 하지 말아야 할 행동의 경계

아이는 어떤 행동을 했을 때 결과가 어떻게 돌아오는지 반복적으로 경험하면서 해도 되는 행동이 무엇이고, 하지 말아야 할 행동이 무엇인지 배운다. 그리고 규칙이 몸에 익을 때까지 수시로 그 경계를 넘나든다. 이때 부모는 행동의 경계를 일관성을 갖고 명확하게 알려주어야 하는데, 만약 그렇게 하지 않으면 원칙 없이 잔소리만 반복하면서 갈등을 초래할 수 있다.

조선미   아이에게 행동의 경계를 알려주기 위해서는 먼저 어떤 행동이 해도 되는 행동인지, 하지 말아야 할 행동인지 결정해야 합니다. 이때의 기준은 아이의 나이와 우리 사회가 그 행동을 허용하는 정도입니다. 예를 들어, 다른 사람을 공격하는 행동은 어느 사회에서나 강하게 제재하는 행동입니다. 따라서 아무리 어린아이라도 남을 때리는 행동은 가장 먼저 못 하게 해야 합니다.

주혁맘   어린아이의 기준은 몇 살부터인가요?

조선미   두 돌 무렵부터는 알려주어야 합니다. 두 돌이라는 나이는 아이가 마음대로 하려고 하거나 떼를 쓰는 게 부쩍 늘어나는 시기이기 때문입니다.

주혁맘   그럼 두 돌만 되면 남을 때리지 못 하게 하라는 건데, 말귀도

>   잘 못 알아듣는 아이에게 말로 타이른다고 아이들이 그대로 따
>   르지는 않잖아요.

아직 어린 두 아이를 키우는 주혁 엄마가 의문을 표시했다.

> 조선미 물론이죠. 어린아이일수록 말의 의미를 정확하게 이해하지 못
>   하고, 엄마가 하는 말을 행동으로 옮기는 건 더욱 어렵습니다.
>
> 주혁맘 그럼 도대체 어떻게 해야 한다는 거죠?

많은 엄마들이 아이들의 행동을 변화시키는 데에 시행착오를 겪는 것은 아직 말이 통하지도 않고, 말을 행동에 옮기는 능력이 미숙한 아이들을 말로 변화시키려고 하기 때문이다. 아이들의 행동은 행동으로 대응해야 한다. 즉, 바로 행동을 제재하거나 '생각하는 의자' 같은 방법이 훨씬 효과적이다.

'생각하는 의자' 활용하기

> 조선미 지난 시간이 끝날 무렵, 제가 아이들에게 행동의 경계를 알려
>   주는 방법으로 가장 많이 활용되는 '생각하는 의자'에 대해 미
>   리 말씀드렸죠.

마침 경민 엄마가 지난주에 '생각하는 의자'를 적용해보았는데 잘했는지 자신이 없다며 우리의 의견을 듣고 싶다고 했다.

#1. 엄마가 경민이에게 '생각하는 의자'에 대해 설명한다.

하나, 하지 말아야 할 행동을 했을 때

나는 몇 가지를 확인하기 위해 잠깐 화면을 멈췄다.

조선미 경민이에게 설명을 잘해주셨네요. 그런데 여기서 몇 가지 생각해볼 점이 있어요. 우리는 아이가 떼쓴다는 게 뭔지 확실하게 알잖아요. 그렇다면 아이는 떼쓴다는 것을 무엇이라고 생각할까요? 우는 것? 아니면 소리 지르는 것? 발을 동동 구르는 것?

경민맘 대부분 다 하는데…… 맞아요. 어떤 때는 소리만 지르고, 어떤 때는 물건을 던지기도 해요. 늘 똑같은 건 아니네요.

조선미 그렇죠? 그럼 나중에 이런 문제가 생깁니다. 엄마는 떼를 썼다고 하고, 아이는 울지도 않았는데 그게 무슨 떼쓴 거냐고 하면서 실랑이가 벌어집니다. 이럴 때는 엄마가 '그만, 떼쓰지 마!'라고 두 번 말할 때까지 아이가 하던 행동을 멈추지 않으면 의자에 앉는 거라고 정하면 됩니다.

또 한 가지는 의자의 위치입니다. 지금 보니까 의자 옆에 물건들이 많이 있어서 경민이가 의자에 앉았을 때 그걸 갖고 놀 수도 있을 것 같아요.

경민맘 벌써 그것 때문에 일이 생겼어요. 그래서 다시 아무것도 없는 벽 쪽으로 옮겼어요.

조선미 잘하셨네요. 자, 그럼 다음을 볼까요?

#2. 엄마와 딱지놀이를 하던 경민이가 제대로 안 된다고 울다가 엄마가 달래주자 웃었다. 동생이 그 모습을 보고 경민이를 놀린다.

둘, 원칙을 정하고 단호하게

조선미 경민이를 왜 의자에 앉히지 않고 방에 들어가라고 하셨어요?

경민맘 저 때는 동생이 놀려서 때린 거라 속상했을 것 같아서 나도 모르게 봐주게 됐어요. 원래 규칙은 아이가 울면 '생각하는 의자'에 앉기로 했는데, 나도 모르는 사이에 놀이가 잘 안 된다고 울 때도 그냥 넘어가고, 특별한 놀이가 끝났다고 울 때도 봐줬어요. 아직도 아이의 감정을 읽어줘야 한다는 생각에 단호하게 행동하는 게 잘 안 되는 것 같아요.

조선미 경민 어머니는 아이들이 마음 상하거나 속상해하면 마음을 달래줘야 한다는 생각을 갖고 있어서 매번 원칙대로 하기가 어려운 것 같아요. 그런데 과연 둘이 다투는 상황에서 엄마가 아이들의 마음을 읽어주는 게 아이들에게 위로가 되는지 생각해보세요. 경민이가 동생을 때린 뒤 상황을 보면, 어머니가 처음에는 동생을 안아주고, 경민이한테 사과하라고 했는데 다음에 경민이가 우니까 다시 동생한테 왜 오빠를 놀렸냐고 하고. 이렇게 해서 두 아이 감정이 편해졌을까요? 그래도 속상해하는 아이가 마음에 걸린다면 이 질문에 답해보세요. 아이가 속상하거나 화가 나면, 혹은 본인이 정당한 피해자라고 생각하면 엄마나 동생을 때려도 될까요?

경민맘   물론 아니죠.

조선미   만일 그 상황에서 '동생이 약올려서 네가 화가 났구나'라는 식으로 마음을 짚어주고 끝내면 아이가 배우는 건 '화났을 때는 상대방을 때려도 되는구나'가 됩니다.

○○맘   우리 애도 제 뜻대로 안 될 때 울거나 징징거리는 경우가 많은데, 달래줘도 금방 그치지 않아서 난처할 때가 많아요.

조선미   뜻대로 안 될 때 아이가 좌절감을 느끼는 건 당연하지만, 그렇다고 울거나 떼쓰는 행동을 하는 건 바람직하지 않지요. 그럴 때는 '앞으로 놀이할 때 못 한다고 울면 놀이는 그만 할 거야'라고 하고, 울 때마다 놀이를 중단하면 점차 우는 일이 줄어들 겁니다. 사실 놀이에서 중요한 건 잘하는 것보다 기분 좋게, 기쁘게 하는 것 아닌가요?

못 하면 속상하고 우는 게 당연하다고 생각해왔는데, 놀이는 기분 좋게 하는 게 중요하다는 새로운 관점이 부모들에게 통찰을 준 것 같았다. 자주 겪으면서도 어찌해야 할지 몰랐던 상황이 하나씩 거론되면서 부모들의 생각이 점차로 정리되어 가는 듯했다.

셋, 하지 말아야 할 행동에 대한 원칙이 분명해야

이번에는 주혁 엄마가 손을 들었다.

> 주혁맘 저도 지난주에 '생각하는 의자'를 해봤어요. 제가 단호하게 행동하면서 아이 행동이 정말 많이 좋아졌고, '생각하는 의자'도 잘하는 편이에요. 혹시 고칠 점은 없는지 봐주셨으면 좋겠어요.

#3. 주혁이가 식탁에 로봇을 갖고 오자 엄마가 로봇을 뺏는다.

주혁이는 장난감을 바라보기만 하고 밥을 먹었다.

정말 놀라운 변화였다. 주혁 엄마는 촬영을 하던 날 주혁이가 밥을 다 먹을 때까지 한 번 화장실에 간 걸 제외하고는 의자에서 엉덩이를 떼지 않았다고 했다.

○○맘   정말 놀랍네요. 그 떼쟁이가 어떻게 저렇게 변했을까?

○○맘   저는 엄마의 변화가 더 대단해 보이던데요. 아이를 따라다니면서 애원하던 게 엊그제 같은데 아주 단호해졌어요. 비결이 있으면 알고 싶어요.

○○맘   저렇게 잘하시는데 뭐가 아직도 궁금하세요?

주혁맘   이제는 원칙을 분명히 하는 것은 잘할 수 있어요. 그런데 가끔 이게 맞을까 저게 맞을까 결정을 못 할 때가 있는데, 그럴 때는 영락없이 애들이 말을 안 듣더라고요. 그런 일을 겪으니까 '단호함만 갖고는 안 되겠구나, 우선은 원칙이 확실해야겠구나'

하는 생각이 들었어요!

조선미   주혁 어머니, 정말 대단하세요. 정확하게 핵심을 말씀해주셨어요. 원칙이 수시로 변하거나 바람직하지 않은 원칙을 갖고 있다면 단호하게 한다고 해도 아이들 행동이 좋아지지는 않습니다. 무엇보다도 부모가 바른 원칙을 갖고 있어야 합니다.

행동의 단호함과 함께 원칙이 서 있어야 한다는 주혁 엄마의 말은 정말 중요한 지적이었다.

행동의 경계를 알려주는 규칙 정하기

아이한테 해도 되는 행동과 하지 말아야 할 행동의 경계를 알려주면서 잘 키운다고 해도 아이가 크면 행동반경이 넓어지고 자기주장이 강해져서 어느 순간 갑자기 그 경계를 훌쩍 뛰어넘는 경우가 많다. 지난주에 유성 엄마는 놀이터에서 20분만 놀고 오겠다던 아이가 사라졌다가 두 시간 후에야 들어온 어이없는 일을 겪었다.

조선미   혹시 저 날 유성이가 제시간에 들어올 거라고 예상하셨나요?

유성맘   평소에도 대부분 늦었지요. 하지만 말없이 놀러 가면 일주일 동안 밖에서 못 놀기로 약속해서 당연히 들어오겠거니 했어요.

조선미   유성이 나이는 한창 시간과 장소에 대한 개념을 배우는 시기입니다. 가지 말라고 한 곳을 몰래 갔다 와서 '생각하는 의자'에 앉기도 하고, 말없이 친구 집에 놀러 갔다가 일주일 동안 밖에서 못 놀기도 하면서 '아, 이건 하면 안 되는구나' 하고 행동의 경계를 정하게 되지요. 앞으로도 비슷한 일이 일어날 가능성이 점점 많아지기 때문에, 더 늦기 전에 그동안 아이에게 행동의 경계를 어떤 식으로 가르쳤는지 확인하고, 빨리 규칙을 정해주셔야 합니다. 그렇지 않으면 '애가 왜 이러지?' 하는 뜻밖의 사건이 계속 일어나게 됩니다.

호성맘 그런 규칙을 꼭 따로 가르쳐주어야 아나요? 초등학생 정도면 말로만 해도 알아야 한다고 생각했는데요.

호성이가 3학년이니 그런 생각을 할 만도 했다.

조선미 보통 부모들이 아이의 잘못된 행동을 혼낼 때 규칙을 가르쳤다고 생각하는데, 이때 아이들은 그 행동을 하지 말라는 것만 전달받을 뿐 어떤 행동이 바람직한지는 분명하게 배우지 못합니다.

○○맘 그러니까 아이한테 야단치는 건 어떤 행동을 하면 안 되는지 알려주려는 건데, 아이들은 그 말뜻을 정확하게 알지 못한다는 거지요? 그럼 그때 아이들은 부모가 무슨 말을 한다고 생각할까요?

○○맘 제 생각이 맞을지 모르겠는데, 혹시 그냥 혼났다고만 생각하

는 게 아닐까요? 얼마 전에 애를 혼낸 다음 네가 왜 혼난 것 같으냐고 물어보니까 모른다고 하더라고요. 그때는 그 말에 화가 나서 더 야단을 쳤는데 지금 생각해보니까 정말 몰랐던 게 아닐까 싶어요.

○○맘　우리 애도 똑같아요. 심지어 혼나고 돌아서면 바로 똑같은 행동을 해서 다시 혼나곤 해요. 그런데 생각해보니 아이 입장에서는 그냥 혼이 난 거지 왜 혼난 건지, 앞으로 어떻게 하라는 건지 모를 수도 있겠네요.

내 설명 없이도 점차 상황을 이해하고 있었다. 그러니까 지금까지 말뜻도 이해하지 못 하는 아이를 상대로 소리치고, 미워하고, 매까지 들었던 셈인데, 부모들은 스스로 이해한 그 내용에 잠시 충격을 받는 것 같았다.

조선미　맞습니다. 아이들은 아직 어려서 어른들 말의 의미를 정확하게 이해하지 못합니다. 그래서 해도 되는 것과 안 되는 것을 규칙으로 정해서 명확하게 알려주자는 거예요.

하나, 긍정적인 행동에는 스티커, 부정적인 행동에는 '생각하는 의자'

규칙은 신중하게 정하고, 반드시 지킬 수 있도록 신경 써야 하는 게 부모가 해야 할 중요한 역할이다. 규칙을 정하기 위해서 우선 아이의 나이에 맞게 '해야 하는 행동'과 '하지 말아야 할 행동'을 구별한다.

그런데 이때 꼭 기억해두어야 할 중요한 원칙이 있다. '생각하는 의자'를 '타임아웃'이라고 하는데, 이 방법은 점점 줄여야 할 부정적인 행동에 적용해야 효과적이라는 점이다.

조선미 예를 들어, '숙제를 안 하는 행동'은 줄어야 할 행동인가요, 아닌가요?

○○맘 당연히 줄어야 할 행동이지요.

내가 좀 더 생각해볼 것을 제안하자 누군가 조심스럽게 말문을 열었다.

○○맘 생각해보니까 "너 숙제 안 하면 '생각하는 의자'에 앉힐 거야"라고 하는 게 좀 이상하네요.

조선미 이렇게 생각하면 쉬워요. '숙제 안 하는 행동'이 줄어들면 어떻게 되나요? 그 반대되는 행동은 숙제를 하는 겁니다. 이것은 점점 늘어나야 할 긍정적인 행동이에요. 이런 경우에는 스티커가 훨씬 효과적입니다. '네가 숙제를 다 하면 엄마가 스티커를 줄게'라고 하는 게 맞는 거죠. 다른 예를 들어볼까요? 아이가 화가 난다고 욕을 하는 행동은 줄어야 할 행동인가요?

이런 행동에는 '생각하는 의자'를 적용하는 동시에 스티커를 활용하는 게 좋다. "앞으로 엄마는 네가 욕을 할 때마다 '생각하는 의자'에 앉힐 거야. 대신 말을 예쁘게 하면 스티커를 줄게"라고 하면 아이는 욕을 안 하는 게 좋다는 걸 훨씬 빨리 배우게 된다.

특히 큰 아이들은 '생각하는 의자'에 앉는 걸 싫어할 수 있기 때문에 두 가지를 적절하게 활용하는 지혜가 필요하다. 늘어나야 할 좋은 행동은 스티커로 충분히 칭찬해주고, 하지 말아야 할 행동은 단호하게 '생각하는 의자'를 적용하자. 만약 '생각하는 의자'에 대한 거부감이 크다면 유성이네처럼 '일주일 동안 밖에서 못 놀기' 같은 벌칙을 정하거나 '벌점 스티커'를 활용하는 것도 좋다.

둘, 규칙을 정하면 반드시 지킨다

나는 유성 엄마가 말없이 놀러간 유성이와 다음에 이런 일이 생기면 '일주일 동안 밖에서 못 놀기'로 약속받았다는 사실이 떠올랐다. 그러고 나니 유성이가 돌아왔을 때 엄마가 어떻게 했는지 궁금해졌다. 우리는 유성이네 촬영화면을 보기로 했다.

#5. 약속한 시간에서 두 시간쯤 지나 유성이가 친구까지 끌고 돌아왔다. 화가 난 엄마는 유성이를 데리고 안방으로 들어갔다.

계속되는 유성이의 반론에 결국 엄마는 일주일 동안 놀지 못 하는 것을 3일로 양보한다.

아이가 클수록 한 마디 한 마디 제 생각과 다른 것을 그냥 넘어가지 않고 따지는 경우가 많아진다. 유성이는 겨우 1학년이지만 엄마의 단호한 모습에 불만 없이 따르던 어린아이들과는 확실히 달랐다. 심지어 엄마가 정확하게 기억하지 못 하는 것, 앞뒤가 다르게 말한 것을 모두 기억해 한 번도 지지 않고 반박하기도 했다. 이 모습을 함께 지켜본 부모들이 모두 걱정스러운 표정을 지었다. 이미 겪고 있는 부모가 있고, 아직 닥치지 않았지만 앞으로 겪을 부모들이 있을 뿐 이런 문제에서 자유스러운 부모는 한 명도 없을 것이다.

조선미 그래서 사흘 동안 유성이가 친구들과 놀지 못 했나요?

유성맘 예, 말한 대로 철저하게 지키니까 마지못 해 따르더라고요. 그런데 마지막 날 원래는 놀지 못 하는 날이었는데, 그날 동생들이랑 볼거리가 있다고 꼭 보고 와야 된다고 조르더라고요. 그래서 그것만 보고 오라고 했는데 30분이 지나도 안 들어오는 거예요. 놀이터에 갔더니 동생들만 있고, 유성이는 20분 후에야 들어왔어요. 늦은 이유를 물어보니 친구와 놀고 온 게 아니라 그것만 보고 왔다면서 말꼬리를 잡고 늘어졌어요. 아무래도 안 되겠다 싶어 약속을 안 지켰으니까 규칙대로 4일을 더 못 논다고 했어요. 그런데 제가 잘한 건가요? 이런 일이 있을 때마다 아이가 조금도 양보하지 않고 따지니까 어떻게 해야 할지 당황스러울 때가 많아요.

조선미   잘하셨어요. 그렇게 놀고 온 것에 대해서는 반드시 규칙대로 해야 합니다. 그렇지 않으면 유성이는 마음대로 해도 된다고 생각하게 되고, 엄마가 봐주면 규칙이 바뀌었다고 생각하게 됩니다. 그러면 지난번에는 안 그랬는데 왜 그러냐고 따지고 들거나 한 번만, 조금만, 이번만 같은 말로 상황을 모면하려는 경우가 많아질 겁니다. 가장 좋은 건 분명하게 규칙을 만들어 써 붙이고, 그대로 하는 거지요.

셋, 아이 나이를 기준으로 규칙의 우선순위를 정한다

조선미   호성 어머니, 호성이한테 적용할 규칙을 만들어보셨나요?

호성맘   안 그래도 어떤 규칙을 만들어야 할지 고민 중이에요. 그동안은 공부하다 저한테 반항적으로 대드는 게 제일 문제라고 생각했는데, 설명을 듣고 보니 무엇부터 바로잡아야 할지 모르겠네요.

아이들이 한 살 한 살 커가면서 무엇을 배우는지 생각해보자. 우선은 남을 때리거나 자기를 해치지 않고 안전하게 생활하는 것을 배운다. 뜨거운 것을 만지거나 다칠만한 것을 던지지 않는 것, 높은 곳에 올라가거나 남을 미는 것은 걸음마 할 때부터 부모들이 주의를 시켜야 한다. 그 다음에는 밥 먹고, 옷 입고, 씻는 것을 배운다. 제 몸을 돌보는 게 그 다음 순서다. 그리고 나서 대인관계 태도를 배운다. 어른을 만나면 인사를 하고, 예의 바르고 친절하게 행동하라고 가르친다.

유치원까지는 대부분의 아이들이 이런 것들을 주로 배운다. 학습은 이 중에서 마지막이다. 숙제나 준비물을 챙기고 학원에 시간 맞춰 다녀오고, 시험에 대비해서 공부를 하는 것은 앞에서 말한 것에 비하면 훨씬 나중에 배우는 복잡하고 고차원적인 것들이다. 아이들은 이런 순서로 사회의 구성원이 될 준비를 한다.

나는 호성 엄마 쪽을 바라보며 천천히, 그러나 분명하게 말했다.

조선미 호성 어머니는 그동안 호성이에게 거꾸로 가르쳐온 것 같아요. 일상생활은 잔소리만 하면서 대신해주고, 학습할 때만 엄격한 태도를 취하니까 아이와 갈등을 겪은 것입니다. 학습 같은 난이도 높은 행동을 바로잡으려면 보다 기본적인 행동, 부모 앞에서 하지 말아야 할 행동부터 바로잡아야 합니다.

호성맘 제가 호성이를 가르치지 않은 건 아니에요. 잔소리뿐이라 효과가 없다고 하면 할 말은 없지만, 나름대로 아이가 잘못 하면 혼도 내고 매도 많이 들었어요. 대부분 그 정도로 하지 않나요? 제가 더 특별히 하지 않은 게 있나요?

조선미 호성 어머니가 노력하지 않았다는 게 아닙니다. 또 호성이도 엄마한테만 힘들게 하지 학교생활은 잘하고 있다고 들었는데 그건 모두 어머니가 노력하신 덕분이지요. 그러니까 더욱 호성이 태도를 바로잡아야 한다는 겁니다. 충분히 그럴 능력이 있는 아이가 좋지 않은 태도를 보이는 것은 결국 아이에게 손해가 될 수 있습니다.

아이의 기질이나 환경에 따라 훈육의 방식은 융통성 있게 변화해야 한다. 특히 호성이처럼 큰 아이들에게 훈육을 하려면 아이에게 뭘 시키고 뭘 가르칠 것인지 규칙으로 정하고, 아이가 그 규칙을 따르도록 끝까지 반복해서 실천해야 한다. 예를 들어, 일상생활의 규칙을 훈련한다면 옷을 갈아입고 빨래 바구니에 넣도록 하고, 텔레비전을 안 끄고 그냥 방에 들어간다면 반드시 다시 불러서 스스로 끄도록 시켜야 한다. 엄마한테 버릇없이 말하고 반항하는 행동을 하면 안 된다고 가르치려면 아이와 함께 규칙으로 정해서 반드시 벌칙을 받게 해야 한다.

나는 부모들에게 아이가 하지 말아야 할 행동에 대해 좀 더 관심을 갖고 앞서 설명했던 규칙 만들기를 적용해보도록 부탁했다.

요약노트

아이 행동의 경계 정해주기

1 해도 되는 행동과 하지 말아야할 행동의 경계
- 어떤 행동이 해도 되는 행동인지, 하지 말아야 할 행동인지 결정한다.

  예 자신이나 타인의 안전을 위협하는 행동, 물건을 부수거나 상황을 일부러 망치는 행동, 남에게 욕을 하거나 놀리는 행동 등은 하지 말아야 할 행동이다.
- 두 돌 이후부터 행동의 경계를 명확하게 알려준다. 아이들의 행동은 행동으로 변화시켜야 한다.

2 '생각하는 의자' 활용하기
- 하지 말아야 할 행동을 했을 때 '생각하는 의자'에 앉힌다.
- 원칙을 세우고 그에 따라 아이의 잘못된 행동을 분명하게 못 하게 한 다음, 단호하게 '생각하는 의자'에 앉힌다.
- 긍정적인 행동에는 스티커, 부정적인 행동에는 '생각하는 의자'를 활용한다.

3 행동의 경계를 알려주는 규칙 정하기
- 아이 나이를 기준으로 규칙의 우선순위를 정한다.

  예 일상생활, 타인과의 관계, 학습에 대한 내용 순으로.
- 아이와 함께 어떤 일을 얼마나 해야 하는지, 어떤 행동을 하면 안 되는지 규칙의 내용을 구체적으로 정하고 상과 벌의 규칙을 정한다.
- 정해진 규칙은 반드시 지키고, 상벌은 규칙에 따라 즉각적으로 준다.

7강
반항과 갈등, 아이와의 힘겨루기

부모들이 서서히 자신감을 회복해가고 있었다. 이들 중 몇 명은 아이와의 관계가 좋아지자 주변 사람들이 방법을 물어와 흐뭇했다는 이야기를 들려주기도 했다. 반면 아직도 해결의 실마리를 찾지 못한 채 혼란스러워하는 부모들도 있었다. 주로 초등학교 남자아이를 자녀로 둔 부모들이었다.

아이는 자기가 한 행동의 결과를 반복적으로 경험하면서 어떤 행동은 해도 되고 어떤 행동은 하면 안 되는지 규칙을 배운다. 그리고 규칙이 몸에 익을 때까지는 수시로 경계를 넘나들면서 부모와 힘겨루기를 한다. 문제는 그 과정에서 부모와 아이가 감정싸움에 휘말리면서 힘겨루기와 갈등이 습관으로 굳어진다는 것이다. 아이가 많이 컸고 갈등이 오래 지속되었다면 아이와의 관계를 회복하는 데는 그만큼 더 많은 시간과 노력이 든다.

반항하는 아이와의 힘겨루기

늘 일찍 오던 현중 엄마가 보이지 않았다. 전화를 해볼까 하고 있는데 문이 벌컥 열리며 현중 엄마가 상기된 얼굴로 들어오더니 자리에 앉자마자 격앙된 목소리로 입을 열었다.

현중맘 어젯밤에 현중이와 한바탕 했어요. 그동안 열심히 노력해온 게 헛수고로 돌아갔다는 생각에 너무 허탈해서 한숨도 못 잤어요. 더 이상 여기에 나올 자신도 없고, 갈등하다가 그래도 '내가 이러면 안 되지' 하는 생각이 들어서 왔어요. 하지만 아이가 그럴 때는 정말 내가 아이를 망친 게 아닌가 싶고 어떻게 해야 할지 모르겠어요.

목소리가 점차 가라앉더니 나중에는 울먹거리는 소리가 섞여 나왔다. 밤늦게까지 숙제를 안 하고 있어서 잔소리를 했더니 현중이가 '내 공부는 내가 알아서 한다'며 큰소리를 쳤다는 것이다.

현중맘 자기 말로는 공부가 중요하다고 하는데, 행동은 영 딴판이니까 자꾸 부딪치게 되요. 어제는 게임을 못 하게 하니까 저를 밀고 책을 밀쳐서 떨어뜨리기까지 하더라고요. 결국 제가 못 참고 화가 폭발했지요. 아무래도 저는 좋은 엄마가 될 자격이 없나 봐요.

호성맘 어린아이나 얌전한 딸아이를 키우는 분들은 이런 심정 이해 못 하실 거예요. 엄마가 무슨 말을 하면 애가 똑같이 대꾸하니까 그럴 마음이 아니었는데 말하다 화가 나는 경우가 많아요. '이거 빨리 해야지' 하면 '안 하면 어때?' 그런 식이고, '공부를 잘하면 엄마가 좋냐, 네가 좋은 거지?' 그러면 '난 상관없어. 엄마도 상관없는 일이잖아' 이런 식의 대화가 오고 가게 돼요. '어른한테 그러면 안 되는 거야'라고 하니까 '엄마가 엄마 같아야 엄마지, 어른이 어른 같아야 어른이지!' 그러더라고요. 그런 말 하면 안 된다고 혼내니까 '왜 뭐든지 엄마 마음대로 하냐?'고 소리를 치더라고요. 거기서는 저도 더 이상 참지 못 하고 거의 이성을 잃은 상태에서 아이를 때리고 말았어요. 등이 벌개져서 울다가 잠든 애를 보니까 '좀 참을 걸' 하는 후회가 밀려들고, 아무래도 내가 감정조절을 못 해서 아이가 점점 반항적으로 변해가는 것 같다는 생각이 들었어요.

나 역시 큰 아이를 키우고 있는 입장이라 이런 어려움을 충분히 이해할 수 있었다. 아이가 크면 자기 생각이 분명해지고 부모를 비판할 수 있는 능력이 생긴다. 이런 아이들은 옛날처럼 매를 들거나 야단친다고 해서 행동이 달라지지 않는다. 특히 남자아이들은 부모가 지시하면 그 내용의 논리적 허점을 짚거나, 부모의 약점을 들추면서 부모를 이기려 들기도 한다. 그래서 이 나이 때 아이의 행동을 변화시키려면 부모가 좀 더 융통성을 갖고 아이를 대해야 한다.

가장 좋은 방법이 앞 시간에 다루었던 '아이와 함께 규칙 정하기'이다. 하지만 오랫동안 부모교육을 진행한 경험으로 볼 때 아이의 버릇없는 말과 행동에 쉽게 감정이 격해지거나, 비효율적으로 의사소통을 하는 부모일수록 규칙을 적용하는 과정에서 아이와 감정대립이 더욱 심해지고, 권위만 잃는 경우가 많았다.

현중 엄마와 호성 엄마는 흥분이 가라앉았는지 이제는 심각한 표정으로 가만히 앉아있었다. 이런 문제를 겪지 않는 부모들에게는 지나치게 심각한 분위기가 오히려 불안만 가중시킬 것 같아 나는 촬영화면을 함께 보자고 제안했다. 막연하게 두려워하는 것보다 실제 상황을 보고 해결책을 찾는 게 필요했다.

#1. 현중이네 집 거실. 공부를 하기 위해 방에 들어간 현중이가 어느새 나와서 동생과 텔레비전를 본다.

현중 엄마가 아이와 부딪쳤다고 할 때만 해도 그러려니 하며 심드렁하던 부모들의 표정이 내 일처럼 분개한 표정으로 바뀌었다.

조선미 여러분 생각에는 4학년 남자아이가 화가 날 때는 어떻게 반응한다고 생각하세요?

현중맘 주변에서 들어보면 엄마에게 소리를 지르는 애는 있는 것 같아요. 그 정도는 저도 이해할 것 같은데 주먹을 불끈 쥐고 그러니까 용납이 안 되더라고요.

○○맘 좀 거친 애들도 있고 덜한 애들도 있는 것 같은데, '에이 씨' 이런 소리는 많이 하는 것 같아요. 문을 쾅 닫는 경우도 많고…….

현중맘 문제는 아이가 이미 그런 반응을 보였다는 거고, 저로서는 그 상황이 감당이 안 된다는 점이에요. 지금도 이 정도인데 나중에는 어떻게 될지 상상이 안 돼요.

조선미 상황을 보면 엄마가 먼저 화를 내고 거기서부터 신경전이 계속됐어요. 그때 아이로서 할 수 있는 행동은 엄마가 시키는 대로 하거나 화를 내거나 둘 중에 하나입니다. 그런데 이 나이쯤 되면 더 이상 엄마가 화낸다고 무서워하면서 말을 듣는 나이는 아닙니다. 현중이도 그런 걸 잘 알고 있어요.

나는 이해를 돕기 위해 현중이와 나눈 대화를 얘기했다.

조선미 : 엄마와 공부하는 거 어때?

현　중 : 별로예요. 잘 못 하면 계속 혼내잖아요.

조선미 : 그럼, 엄마가 공부할 때 어떻게 해줬으면 좋겠어?

현　중 : 틀려도 화내지 말고 잘 가르쳐줬으면 좋겠어요.

조선미 : 엄마가 무서워?

현　중 : 네, 무서워요.

조선미 : 무서운데 그렇게 대들고 말을 막 했어? 그러다 혼나면 어떡해?

현　중 : 그러다 혼나는 거요? 그럴 가능성 거의 없어요.

조선미 : 왜?

현　중 : 말만 하거든요. 말로만 하지 말라고 하고 그냥 끝이요.

조선미 : 그래도 엄마한테 그렇게 말하면 안 되잖아.

현　중 : 알아요. 그런데 그냥 좀 짜증이 나요.

현중맘 저럴 줄은 몰랐어요. 저는 아이들이 저를 무서워해서 혼내고 나면 마음에 상처받고 힘들어할 줄 알았더니 전혀 다른 얘기가 나오네요.

조선미 현중이가 엄마를 무서워하지 않는 건 아닙니다. 다만 현중이는 엄마가 아무리 화를 내고 소리를 질러도 그 순간만 지나면 금방 수그러들면서 허용해준다는 걸 알고 있는 거예요. 이렇게 되면 아이는 엄마 말을 듣지 않습니다. 그래서 말로 아이를 통제하려면 엄마가 '이렇게 할 거야'라고 한 말은 반드시 지켜야 합니다. 그렇지 않으면 아무리 어린애들이라도 지시를 따르지 않게 됩니다.

옛말에 두고 보자는 사람치고 무서운 사람이 없다는 말이 있다. 구체적인 결과가 따라오지 않는 빈말은 아무런 효과가 없다는 것이다.

조선미 부모는 아이에게 정서적 안정을 주고, 아이가 자신의 감정과 행동을 스스로 조절할 수 있도록 가르쳐야 합니다. 그러기 위해서 부모는 필요한 결정을 내리고 아이가 결정에 따르도록 해야 하는데, 아이가 잘 따르게 하려면 무엇보다 권위가 있어야 합니다.

○○맘 부모가 권위적이면 아이의 생각과 감정을 억누르게 되지 않을까요?

예상하고 있던 질문이었다. 요즘은 아이의 생각과 감정을 존중하면서 키우는 걸 중요하게 여기다 보니 많은 부모들이 '권위적이지 않은 부모'가 되는 게 바람직하다고 생각한다. 하지만 여기에는 깊이 생각해보지 않으면 자칫 빠지기 쉬운 함정이 있다. 바로 '권위적'이라는 말과 '권위'를 많은 사람들이 혼동한다는 점이다. 이 둘은 아주 다르다.

조선미 그렇다면 '권위 있는 부모'는 어떤 부모일까요? 우선 세상을 살아온 경험과 지식, 판단력에 기초해서 아이보다 합리적이고 옳은 결정을 내릴 수 있어야 합니다. 그 결정에 대해 아이도 '결국은 부모가 하는 말이 맞아', '이건 나를 위한 거야'라고 인정하도록 하는 게 '권위 있는 부모'입니다. 그러려면 부모의 결정이 합리적이고 정당해야 합니다.

반대로 '권위적인 부모'는 힘으로 지시하고 통제하는 부모입니다. 아이가 어릴 때는 부모가 크고 힘이 세기 때문에 지시하고 통제하는 게 쉽습니다. 하지만 힘에 의해 유지되는 권위는 오래 가지 못합니다. 아이가 자라면 몸도 커지고, 힘도 세지고, 판단력도 발달하기 때문에 부모에게 권위가 없으면 아이는 부모의 판단과 결정을 '뭐든 엄마 아빠 마음대로야!' 하는 식으로 부정적으로 받아들이고 감정대립을 하게 되지요. 그러면 부모는 부모대로 아이가 말로 하면 안 듣는다며 점점 더 소리 지르고 화를 내고, 아이는 아이대로 더 거세게 반항하면서 힘겨루기의 악순환이 반복되는 겁니다.

물론 권위를 내세우면서 권위적인 모습을 보이는 경우가 많기 때문에 사람들은 권위라는 말에 쉽게 반감을 느낀다. 그렇지만 나는 부모가 부모로서의 권위를 갖는 게 중요하다고 생각한다. 부모가 올바른 판단과 합리적인 결정에 따른 '권위'를 가지고 말하느냐, 아니면 힘의 논리에 의존해 '권위적'으로 강요하느냐에 따라 아이와 감정적으로 대립하는 상황이 얼마든지 달라질 수 있기 때문이다.

호성맘 듣고 보니 호성이를 그렇게 만든 건 바로 저였다는 생각이 드네요. 저도 열에 아홉은 그저 엄포나 놓고 호통이나 치면서 아이가 말을 듣기를 기대했던 것 같아요. 이제는 그게 얼마나 효과가 없는지 알겠어요. 화가 날 때는 내쫓는다는 둥 아무 말이나 해놓고 나중에 하나도 지키지 않았으니 아이가 저를 아주 우습게 알았겠네요. 맙소사! 그럼 어떻게 해야 할까요?

아이와의 힘겨루기에 대처하는 방법

아이와 감정적으로 대립한 상황에서 어떻게 하면 효과적으로 대처할 수 있는지 알아보기 전에 먼저 기억해두어야 할 것이 있다. 바로잡아야 할 아이의 행동에는 우선순위가 있는데 첫째는 태도, 둘째는 일상생활 훈련, 셋째는 학습이다. 나이에 맞게 '엄마 아빠한테 그렇게 말하면 안 돼', '그런 행동은 하면 안 되는 거야'와 같은 기본적인 태도부터 훈련시켜야 아이와 대립하는 상황이 생겨도 효과적으로 대처할 수가 있다. 특히 학습과 같은 복잡하고 어려운 상황을 갈등 없이 대처하려면 그 전에 태도, 일상생활 훈련이 반드시 우선되어야 한다.

조선미 지난 시간에 호성 어머니께 이 부분을 짚어드렸는데, 요즘은 호성이가 어떻게 하고 있나요?

호성맘 (쑥스러운 듯) 제가 아이를 잘못된 방향으로 이끌고 있다는 걸 깨닫고 바로 그날 호성이한테 앞으로 네 할 일은 스스로 하라고 했어요. 그리고 '호성이가 학교에 지각하더라도 절대 도와주지 말자'고 다짐했는데 웬걸요? 예상외로 혼자 잘하더라고요. 이렇게 잘할 수 있는 아이인데 버릇을 잘못 들였다는 생각에 반성을 많이 했어요.

호성 엄마가 얼굴을 붉히자 다른 엄마들은 힘내라며 호성 엄마의 어깨를 토닥여주었다. 호성이 집에서도 변화는 시작되고 있었다. 남은 문제는 아이와의 힘겨루기에서 비효율적인 감정대립을 줄이고 부모의 권위를 되찾는 일이다. 먼저 호성이와 엄마가 감정적으로 대립하는 상황을 살펴보자고 제안했다.

#2. 호성이네 거실

조선미   호성 엄마한테는 좀 미안한 얘기지만 저는 화면을 보면서 엄마가 애가 되서 호성이와 싸우고 있다는 느낌이 들었어요. 저만 그런가요?

○○맘   맞아요. 저도 아이를 야단치다가 종종 느끼는 건데 아이와 감정싸움에 휩쓸리면 서로 말꼬리만 잡다가 똑같은 수준에서 싸우게 되더라고요.

호성맘   저도 화면을 보기 전까지는 제 모습이 그런 줄은 꿈에도 몰랐어요. 그런데 저 상황에서 어떻게 해야 하는 건가요? 이론적으로는 알 것 같은데, 막상 아이랑 부딪치면 어떻게 해야 할지 머릿속이 하얘져요.

하나, 앞서 대응 상황을 예측한다

조선미   아이와 자주 부딪치다 보면 부모들도 어떤 상황에서 감정적으로 대립하게 되는지 대충 알 수 있습니다. 초등학생 남자아이를 자녀로 둔 분들은 대부분 컴퓨터 게임과 공부하는 시간이 제일 힘들 거예요. 그렇죠? 자, 그럼 호성 어머니. 저 날 호성이한테 시험공부를 하라고 시키면서 혹시 아이가 어떤 반응을 보일 거라고 미리 예상을 해보셨나요?

호성맘   (눈이 동그래져서) 그런 건 안 해봤는데요. 다음날이 시험이니까 당연히 '공부시켜야지'라고만 생각했어요.

조선미   그러다가 막상 호성이가 '왜?', '싫어', '한자 필요 없어'라고 하니까 어떠셨나요?

호성맘   기가 막히고 화가 났죠. 내일이 시험인데 공부를 안 하겠다니 말이 안 되잖아요.

조선미   네, 저라도 그랬을 것 같아요. 그러면 평소 엄마가 공부하라고 시키면 호성이가 순순히 말을 듣는 게 열 번 중에 몇 번이나 되나요?

호성맘 글쎄요, 서너 번 정도인 것 같아요.

조선미 한 번 말해서 들을 확률이 30~40퍼센트네요. 만약에 어머니가 이 확률을 감안해서 '호성이가 분명 안 한다고 버틸 거야'라고 미리 예측했더라면 어땠을까요? 호성이가 공부하기 싫다고 버티고 반항하더라도 '그렇게 나올 줄 알았다' 하면서 적어도 감정에 휩쓸리는 일은 피할 수 있지 않았을까요?

호성맘 네, 정말 생각해보니까 화가 덜 났을 것 같네요.

많은 부모들이 사실 불을 보듯 훤히 상황이 예견되는데도, 아무 생각 없이 아이에게 뭘 시키거나 못 하게 하려다가 부딪치게 된다. 문제는 그렇게 되면 엄마 머릿속에 '아니, 얘가 당연한 걸 가지고 왜 이래?'라는 생각이 떠오르면서 감정의 수위가 올라가게 되고, 그게 어느 선을 넘어가면 그 다음부터는 걷잡을 수 없어진다. 하지만 그 전에 미리 상황을 예측하는 습관을 들이면 아이와 감정적으로 대립하는 상황이 생겨도 효과적으로 대처할 수 있게 된다.

조선미 대응 상황을 미리 예측했을 때 장점이 또 하나 있습니다. 감정이 고조되고 흥분하면 누구나 말이 되는지 안 되는지를 판단하지 않고 아무 말이나 내뱉게 되는데, 그런 일로 부모의 권위가 떨어지는 걸 막을 수 있다는 거예요. 다음 장면을 보면 그게 무슨 의미인지 확실하게 이해가 되실 거예요.

우리는 아까 보던 호성이네 상황을 이어서 계속 보기 시작했다.

조선미   호성 어머니, 한 페이지에 400문제가 들어 있는 문제집이 진짜 있나요? 그리고 호성이가 그걸 매일 한 장씩 푸는 게 가능하다고 보세요?

호성맘   제가 봐도 말이 안 되는 얘기를 했네요. 호성이가 하도 말대꾸를 하니까 약이 오르고 화가 나서 나중에는 어떻게든 아이를 이겨야겠다는 생각밖에 안 들었던 것 같아요.

조선미   감정에 휩쓸리게 되면 누구나 말이 안 되는 얘기를 하게 됩니다. 부부싸움 할 때 많이 경험해봐서 아실 거예요. 문제는 화가 난다고 해서 말이 안 되는 요구를 하면 아이도 엄마의 말에 진지하게 반응하지 않는다는 겁니다. 호성 어머니가 '매일 한 장씩 풀까?' 하고 계속 묻는데도 호성이가 장난하듯 '응'이라고 대답할 수 있었던 것은 아이도 그게 말이 안 된다는 걸 잘 알기 때문이에요. 이런 일이 반복되면 엄마의 권위가 점점 떨어지고 아이가 엄마를 만만하게 보게 됩니다.

둘, 말의 내용에 반응하지 말고 행동을 즉각 중단시킨다

엄마와 아이가 힘겨루기에 들어가는 과정을 가만히 보면 대부분 처음에는 말싸움으로 시작한다. 엄마는 아이가 하는 말의 내용에 일일이 반응을 보이다가 점점 서로 말꼬리를 잡게 되고 결국 감정싸움에 들어가게 된다. 하지만 누차 강조했듯이, 바로잡아야 할 아이의 행동에는 우선순위가 있는데 첫째가 태도이다. 엄마가 공부를 시키려고 하는 상황에서 아이가 버릇없는 말과 태도를 보이면 일단 공부보다 먼저 잘못된 말과 행동을 그 자리에서 바로잡아야 한다.

"엄마한테 그런 태도로 말하는 거 아니야"라고 분명하게 말해서 아이가 뭘 잘못 하고 있는지 구체적으로 지적하고, "엄마가 중요하다면 중요한 거야. 그만해!"라고 단호하게 말해 잘못된 행동을 즉각 중지시켜야 한다.

현중맘 저도 열에 아홉은 그저 엄포나 놓고 호통이나 치면서 아이가 말을 듣기를 기대했던 것 같아요. 게다가 화가 날 때는 입에서 나오는 대로 아무 말이나 했으니 아이가 얼마나 저를 우습게 알았을까요?

조선미 현중 어머니, 지금까지 들은 설명 중에서 어떤 게 가장 자신 없으세요?

현중맘 아이가 잘못된 행동을 하면 그 자리에서 바로잡아야 한다고 하셨는데, 머릿속에서는 '어, 어, 이게 아니지' 하는 생각이 들지만 그게 정확히 언제인지 제가 그 타이밍을 못 찾는 것 같아요. 그 타이밍을 알 수 있는 방법은 없을까요?

엄마와 현중이의 갈등 상황이 담긴 화면이 있다고 해서 그것부터 보기로 했다.

#3. 엄마가 현중이와 방에서 이야기를 나눈다. 현중이는 계속 딴짓을 하고 있다.

○○맘 　애가 엄마를 우습게 알고 만만하게 대하네요.

조선미 　현중이 어머니가 언제 행동을 바로잡아야 할지 타이밍을 잘 모르겠다고 하셨으니까 그 관점에서 상황을 정리해보도록 하죠. 자, 엄마가 아이의 행동을 바로잡아야 할 첫째 타이밍은 이야기를 시작할 때였어요. 듣기 싫다고 '에에에~' 하고, '이런 말 하려고 불렀어? 빨리 말해'라고 버릇없이 구는데도 어머니는 제재를 안 하셨어요. 내용에만 집중하고 있으니까 아이가 지금 이 상황을 어떻게 받아들이고 있는지 보이지 않는 겁니다. 그러니까 현중이는 '내가 이렇게 행동해도 괜찮구나' 하며 점점 더 세게 나가고, 엄마가 말을 끝내지도 않았는데 방을 나가버린 겁니다. 아이가 버릇없는 말을 처음 하는 순간, 바로 '엄마한테 그런 식으로 말하는 거 아니야'라고 말해야 합니다.

아이랑 힘겨루기를 하다 보면 어느 순간 기싸움에 들어가게 된다. 그때는 아이의 눈을 똑바로 보면서 단호하게, 끝까지 말해야 한다. 이 부분을 좀 더 분명히 하기 위해 다음 장면을 보기로 했다.

○○맘 엄마가 현중이한테 완전히 밀리고 말았네요. 엄마는 계속 화도 못 내고 '이걸 어쩌나?' 하는 표정인데 갑자기 현중이가 세게 나오니까 더 이상 손쓸 수 없는 상황이 돼버렸네요.

조선미 현중 어머니는 목소리 톤도 그렇고, '그런 식으로 말할래?', '엄마 마음대로 너 벌주고 때리고 그렇게 할까?' 하면서 질문하듯이 말하셨어요. 그런 식으로 말하면 아이들은 자기에게 선택권이 있다고 생각할 수 있습니다. 그냥 아이의 눈을 똑바로 쳐다

보면서 '아니야. 이건 네가 해야 하는 거야!'라고 단호하게 말해야 합니다. 저 때는 아이와 의논하거나 타협하는 시간이 아니라 훈육을 해야 하는 때입니다.

셋, 규칙을 정할 때는 엄마가 결정권을 가져야 한다

조선미 방금 아이의 잘못된 행동을 통제할 때 의논하거나 타협하면 안 된다고 설명드렸는데, 그 이유는 아이가 해야 할 행동과 하면 안 되는 행동을 정하는 건 부모이기 때문이에요. 그런데 현중 어머니는 이 부분에서도 작은 실수를 하셨어요. 그게 어떤 건지 화면을 보고 이야기하도록 하죠.

결국 엄마는 현중이가 앉아 있는 소파 앞에 자리 잡고 앉아서 이야기를 계속한다.

조선미   현중 어머니, 저 상황에서 규칙은 누구 의도대로 결정되었나요?

현중맘   글쎄요, 규칙을 정하긴 했지만 현중이 맘대로 된 셈이네요.

조선미   한마디로 정리하면 아이가 잘못 해서 벌을 받는데, 어떤 벌을 받을지 아이가 정한 셈이 됐어요. 또 "벌칙 스티커를 몇 개 붙일지 네가 정해봐", "그게 싫으면 다른 방법을 생각해봐", "그러면 서 있을까?" 하고 계속 물어보셨어요. 자꾸 협상할 수 있는 여지를 주게 되면 아이는 자기한테 선택할 수 있는 권한이 있다고 받아들입니다. 얼마든지 '싫어!', '안 해!'라고 대답할 수 있는 상황을 만들어주시는 거지요. 더 큰 문제는 이런 식으로 아이한테 자꾸 결정권을 넘겨주면, 아이는 자기한테 엄마와 동등한 힘이 있다고 느껴서 점점 더 자기 마음대로 행동하게 된다는 겁니다.

○○맘   그런데 벌을 정할 때는 아이와 미리 의논하는 게 좋은 것 아닌가요? '네가 잘못 하면 몇 대 맞을래?' 이런 식으로 하라고 어디서 봤는데.

조선미   물론 그런 방식이 통하는 아이에게는 그렇게 할 수도 있습니다. 그러나 부모가 아이를 훈육하려면 권위가 있어야 하는데, 그런 식으로 하다가 권위가 손상될 수도 있으니 조심해야 합니다.

현중 엄마는 내가 하고 싶은 말이 무엇인지 충분히 이해한 듯했다.

아이의 반항을 부르는 대화습관

이제 나는 동수 엄마에게로 시선을 돌렸다. 동수 엄마가 그동안 해온 노력이 허사로 돌아가지 않도록 용기를 북돋아주고 싶었다. 그러려면 동수와 엄마의 관계가 회복되지 않는 이유를 좀 더 찾아보고 적절한 조언을 해줄 필요가 있었다.

#4. 동수가 다급히 숙제하기 시작하는데 외출했던 엄마가 돌아왔다.

책상 앞에 억지로 앉은 동수. 문제를 대충 풀더니 엄마에게 보라는 듯 식탁에 문제집을 던진다. 그러다 급하게 뭔가를 지우는데 문제집 귀퉁이에 희미하게 '엄마 바보'라고 쓴 글씨가 보인다. 그걸 보는 동수 엄마의 가슴이 무너진다.

조선미 동수 어머니, 어머니가 '뭐 하다가 안 한 거야? 엄마가 올 때까지 일부러 안 하고 버틴 거야?'라고 물으니까 동수가 '일부러'라고 대답하는 부분이 있었는데.

동수맘 맞아요. 그런 말을 했던 것 같아요. 그런데 그게 문제가 되나요?

조선미 동수가 처음부터 반항적으로 대답하지는 않았어요. 처음에는 엄마가 화낼까 봐 말 안 한다고 했고, 문제를 안 푼 이유에 대해서도 어려워서라고 동수 나름대로는 사실을 이야기한 거예요. 그런데 어머니가 계속 조목조목 따지고 물어보니까 결국은 '몰라, 싫어!'라고 하면서 반항적인 태도를 보이기 시작했어요. 그러니까 어머니 입장에서는 동수가 제대로 말하지 않아서 상황이 이렇게 된 것 같지만, 사실은 어머니가 불필요한 질문으로 상황을 이상하게 몰고 가서 결국 아이 입에서 엉뚱한 답이 나오게 만들었고, 그 결과 서로 감정이 상하는 상황까지 가게 된 거죠.

동수맘 듣고 보니 그랬던 것 같기는 한데…….

동수 엄마가 상황을 잘 이해하지 못 하는 것은 안타깝게도 동수가 일부러 그랬다는 생각을 버리지 못 하기 때문인 것 같았다. 이때 누군가 불쑥 혼잣말을 하듯 중얼거리는 소리가 들렸다.

○○맘 동수는 늘 억울할 것 같아요. 엄마가 생각하는 동수는 '부모를 무시하는 못된 녀석'이고, '엄마를 화나게 하려고 일부러 안 하는 나쁜 아이'니까…….

조선미 저는 이번 기회에 동수 어머니가 자신의 대화습관을 되돌아보셨으면 좋겠어요. 어머니의 대화방식을 보면 동수한테 매사에 옳다, 그르다를 기준으로 놓고, 이미 정해진 답을 가진 상태에서 강요한다는 느낌을 받게 돼요. 그래서 상대방 입장에서는 조금만 잘못한 일이 있어도 궁지에 몰리는 것 같은 느낌을 받을 수 있지요. 동수가 엄마의 지적에 예민하게 반응하는 것도 그런 영향이 작용하는 겁니다. 혹시 동수 어머니가 매사에 옳은 것, 바른 것을 너무 강조한 나머지 아이와의 관계에 영향을 미친다고 생각한 적은 없나요?

동수맘 바르게 사는 게 나쁜 건 아니잖아요. 그렇게 살도록 누구나 배우지 않나요?

조선미 물론 사람들 사이에서 일어나는 일들에 대해 옳고 그름을 따지는 게 중요한 경우도 있지요. 그렇지만 동수는 지금 한창 자라나는 어린아이고, 당연히 모든 행동이 미숙하고 기준에 못 미치는 것처럼 보이지요. 이런 점에 대해 일일이 잘했다, 잘못 했다를 지적하게 되면 동수 스스로는 자신이 부족한 아이라고 느끼게 되고, 끊임없이 지적하는 사람에 대해서는 강한 불만과 분노를 느낄 수 있습니다. 앞으로 배워야 할 것들이 많은데 이런 태도는 동수가 뭔가를 배우는 데 있어서 걸림돌이 되는 태도입니다.

동수맘 그럼 저 상황에서 제가 어떻게 말했으면 더 효과적이었을까요?

나는 동수 엄마가 가진 대화습관을 당장 바꿀 수 있는 해결책은 아니지만 그 출발점으로는 충분하다고 여겨져 '나 - 메시지'와 '너 - 메시지'에 대해 설명했다.

부모와 아이가 대화를 할 때 '나' 혹은 '엄마'로 시작하는 나 - 메시지와 '너'로 시작하는 너 - 메시지를 사용할 수 있다. 나 - 메시지는 아이를 비난하거나 야단치지 않으면서 부모의 생각을 전달할 수 있고, 너 - 메시지는 아이에게 비난받는다는 느낌을 주고 결과적으로 자신감을 저하시키는 결과를 가져올 수 있다.

예를 들어, 외출했다가 집에 돌아왔는데 아이가 놀아달라고 무릎에 올라타고 매달린다고 가정해보자. 너무 피곤해서 아이가 제발 혼자 놀아줬으면 할 때 "귀찮게 좀 하지 마!"라고 말하는 경우가 많다. 이때 원래 부모가 하고 싶은 말은 '피곤하다'는 것인데, 아이에게 전해지는 메시지는 '나는 엄마를 괴롭히는 나쁜 아이야'이다. 즉, 자기를 평가하는 말로 듣는다. 나 - 메시지는 부모가 '나'라는 주어를 써서 자신이 느끼는 감정을 그대로 아이에게 전하는 것이다. 예를 들어, 부모의 피곤한 감정을 그대로 "피곤하다"고 말하면 이때 아이는 '엄마가 피곤하구나'라고 받아들이게 된다. 이렇게 부모가 전달하는 나 - 메시지는 아이가 자발적으로 자기 행동을 바꿀 가능성을 높여준다.

이때 '나 - 메시지'를 가장한 '너 - 메시지'를 쓰지 않도록 주의해야 한다. 다시 말해 표현은 '나 - 메시지'이지만 실상은 '너 - 메시지'인 대화를 하지 않도록 조심해야 한다는 것이다. 예를 들어, 아이가 숙제를 한 후에 나가 놀기로 했는데 그냥 나갔을 때 부모가 "나는 네가 약속을 안 지켜서 속상하다. 지난 토요일에도 그랬어. 숙제를 해놓지 않고 몰래 나가서 엄마가 화가 났어. 무책임한 행동이라고 생각해서 엄마는 화가 난 거야"라고 말한다면, 주어를 '나'로 썼지만 내용으로는 아이에게 자기 일에 소홀하고, 무책임하다는 메시지를 전한 것이다. '나 - 메시지'를 쓸 경우, 부정적인 감정은 강조하지 않아야 한다.

설명을 마치고 나니 누군가 마칠 시간이 다 되었음을 알려준다.
내가 뭔가를 하려고 막 결심했는데, 혹은 내 행동이 잘못된 걸 알고 바꾸려고 하는데 다른 사람이 갑자기 내가 하려는 행동을 바꾸라고 명령하고 지시한다면 어떤 생각이 들까? 김이 새거나 혹은 상대방이 나를 믿지 않았다는 데 대해 기분이 상할 수도 있다. 특히 일방적인 지시나 훈계, 설교는 아이로 하여금 자발적으로 하려는 의지를 꺾을 수 있다. 이런 말에 대해 반감을 느끼고, 또 이런 말을 들음으로써 자신감을 잃을 수 있기 때문이다. 같은 말이라도 상대방이 기분 상하지 않고 존중받는 느낌을 갖도록 하는 게 중요하다.
나 - 메시지는 실제로 해보면 쉽지 않다. 익숙하지도 않고 또 쑥스럽다고 하는 사람도 많다. 입에 붙을 때까지 숙제하듯이 해야 한다. 말하는 습관 하나를 바꿈으로써 아이의 자신감을 높여준다면 그것보다 값진 노력은 없을 거라 생각한다.

✔ 나 – 메시지 사용방법

* 부모가 받아들일 수 없는 행동만 설명한다.

  부모를 성가시게 하는 아이의 행동을 그대로 전달하고, 부모의 평가나 판단은 들어가지 않도록 한다.

  "지금 책상을 두드리니까 시끄럽구나"

  "네 옷이 여기 떨어져 있구나"

* 아이 행동이 부모에게 끼치는 영향을 설명한다.

  이것은 나-메시지가 좀 더 효과적이 되기 위한 요소인데, 아이에게 자기 행동을 왜 바꿔야 하는지 이해할 수 있게 알려준다.

  "시끄러운 소리가 나니 엄마가 책을 읽을 수 없구나"

  "옷을 아무데나 놓으면 엄마가 잊어버리고 빨래를 못할 수도 있단다"

* 부모 자신을 '주어'로 써서 아이의 행동에 대한 느낌을 전달한다.

  "엄마는 네가 옷을 제자리에 걸면 좋겠어"

* 부모의 평가나 판단이 들어가면 너-메시지가 되므로 주의한다.

  "네가 시끄럽게 하니까 엄마가 피곤하다"

  "네가 옷을 아무렇게나 놔둬서 엄마는 속상하다"

  "옷을 아무데나 벗어두는 네가 뭘 잘하겠니?"

> 요약노트

반항과 갈등, 아이와의 힘겨루기

1 아이와의 대립 상황에서 부모의 권위를 지키는 방법
- 아이에게 말하기 전에 스스로 올바르고 합리적인 판단인지 생각한다.
  감정적으로 내린 결정과 비합리적인 요구는 아이의 반발을 불러오고 부모의 권위를 떨어뜨린다.
- 아이와 정한 규칙은 어떠한 일이 있어도 반드시 지킨다.
  일관성 없는 태도는 부모의 권위를 약화시킨다.

2 아이와의 감정싸움에 휩쓸리지 않는 방법
- 말하기 전에 대응 상황을 충분히 예측한다.
  평소 아이와 자주 부딪치는 상황이었거나, 다른 일에 열중하고 있는 아이에게 요구를 하는 경우라면 아이가 한 번에 말을 듣지 않을 가능성이 높다는 것을 예측하고, 효과적으로 지시할 수 있는 방법을 찾아본다.
- 아이가 버릇없는 말을 하거나 반항하는 태도를 보이면 그 자리에서 즉각 중단시킨다.
  말의 내용에만 집중하면 말꼬리를 잡게 되어 극한 감정대립으로 치닫게 된다.
- 그래도 안 되면 타임아웃을 한다.
  감정이 가라앉을 때까지 아이와 떨어져 시간을 충분히 가지면서 어떤 방법으로 말을 전달하는 게 효과적인지 생각해본다.

8강
아이와 협력하기

부모들이 처음에 털어놓았던 어려움이 많은 부분 해결된 것 같았다. 아이들과 힘겨루기를 하느라 힘든 시간을 보낸 현중 엄마와 호성 엄마의 표정도 지난번에 비해서는 밝아보였다. 크게 좋아진 것은 없지만 조금씩 상황에 대처할 힘을 얻기 시작했고, 아이도 이전에 비하면 반항하는 정도가 줄어들었다고 했다. 만족스러운 정도의 변화는 아니지만 노력을 기울인 시간을 생각해보면 그리 나쁜 편은 아니라고 생각했다.

그러나 지금 이 시점에서 내 고민은 아이들이 보여준 변화가 얼마나 유지될 것인지, 예상치 못한 상황이 발생하지는 않을지, 그랬을 때 과연 부모들이 현명하게 대처해나갈 수 있는지 하는 것이다.

조선미 제 생각에는 지난 두 달 동안 각자 최선의 노력을 다해서 아이들이 많이 변화하고 또 관계도 좋아진 것 같아요.
부모들은 나를 보면서, 또 서로 마주보면서 미소를 지었다. 흡족한 기분이 모두에게 훈훈하게 퍼져나갔다.

조선미   그런데 아이들 중에는 정말 요술이다 싶게 많이 변화한 아이들도 있고, 좋아지기는 했지만 그렇게까지 만족스럽지 않은 경우도 있을 거예요. 이 차이는 나이하고 관계가 있다는 생각이 들어요. 어린아이들이 쉽게 변하는 것에 비해 큰 아이들은 변화하는 정도도 덜하고, 속도가 느렸어요. 그 이유가 뭘까요?

영준맘   어린아이들은 아직 자기주장이 별로 없이 부모가 하라는 대로 하는 때니까 그런 것 아닐까요?

조선미   자, 그럼 한 가지 질문을 더 해볼게요. 그렇다면 지금은 말을 잘 듣던 어린아이들이 크면 누구나 부모한테 대들고 제멋대로 행동하는 아이가 될까요?

○○맘 저는 사실 그게 제일 걱정이에요. 지금은 어리니까 정 안 되면 힘으로라도 해볼 수 있지만, 덩치가 커지고 주장이 강해지면 제가 도저히 어떻게 못 할 것 같아요. 그때를 상상하면 벌써부터 심장이 벌렁거리고 애 키우는 게 무서워져요.

분위기는 어느덧 진지해졌고, 그동안 표현하지 못 했던 고민이 자연스럽게 흘러나왔다.

아이의 동의 이끌어내기

조선미 오늘은 아이와의 갈등해결에 대해 이야기를 하려고 합니다. 제 생각에 아이가 다른 사람들과 갈등을 겪느냐 마느냐는 갈등을 풀어나가는 방식에 있다고 봐요. 그리고 아이가 갈등을 풀어나가는 방식은 부모가 강압적으로 풀어나갔느냐 대화로 풀어나갔느냐에 따라 결정된다고 봅니다. 즉, 부모의 해결방식을 고스란히 닮는다는 거지요.

이렇게 말하고 나자 방 안에는 긴장감이 감돌았다. 아이와 부모 간에 관계회복이 어려운 가장 큰 이유는 갈등과 의견대립을 이기고 지는 방식으로 해결하려고 들기 때문이다. 예를 들어, 아이가 어느 날 비싼 게임기를 사달라고 했을 때 아무리 설득하고 야단쳐도 아이가 끝내 고집을 부리면 어떻게 할까? 이때 부모는 양 갈래 길에 서게 된다. 사줄 것인가, 사주지 않을 것인가? 안 사주는 것은 부모가 이기는 것이고, 사주는 것은 아이가 이기는 것이다. 즉, 갈등의 해결을 '이기거나 지거나'라는 개념에 뿌리를 두고 있어서 상황은 힘겨루기나 기싸움, 승자를 판가름하기 위한 전쟁으로 이어질 수밖에 없다. 결국 어느 쪽으로 결론이 나든 둘 중 하나는 불만을 갖게 되는데, 아이와의 갈등을 이렇게 풀어가면 아이가 클수록 상황은 점점 더 악화되고 관계회복은 힘들어진다.

깊은 한숨이 방 안을 메웠다. 마음이 무거워진 것 같았다. 아이와의 갈등을 해결하기 위해서는 이기고 지는 방식이 왜 좋지 않은지 정확하게 아는 것이 필요하다.

먼저 부모의 뜻대로 밀어붙였을 경우를 생각해보자. 아이는 자기의 의견이 반영되지 않았기 때문에 부모의 말을 따르고 싶은 마음이 생기지 않는다. 자연히 어떻게 하면 안 할 수 있을까 생각하게 되고, 방법이 없을 때는 마지못 해 하는 시늉만 한다. 숙제나 문제집을 대충 엉망으로 하는 행동이 여기에 해당된다. 게다가 무언가를 강요하면 아이들은 싫은 것을 해야 하는 이유가 부모 때문이라고 생각해서 힘들어지면 부모에게 화를 내게 된다. 그 뿐만 아니라 부모가 일방적으로 결정하고 나면 아이가 제대로 하고 있는지 감시해야 하고 잔소리를 하고 재촉을 하기 때문에 시간도 많이 든다.

○○맘   자기 스스로 알아서 하면 저도 좋고 나도 좋은데, 도대체 왜 이렇게 힘들게 하는지 모르겠어요.

조선미   이런 건 부모가 이기는 방식의 자연스러운 귀결이라고 이해하시면 돼요. 어머니들도 누가 억지로 시키면 좋았던 일도 싫어질 겁니다. 이제는 반대로 아이 뜻대로 하게 해주는 경우를 생각해보지요.

아이들은 원하는 것을 얻기 위해 떼를 쓰거나 화를 내거나 버릇없는 말을 한다. 때로는 부모에게 죄책감이 들도록 할 수도 있다. 이때 아이들의 요구를 들어주면 아이들은 자기 욕구가 무엇보다도 우선한다고 생각해서 행동을 조절할 줄 모르고, 자기중심적이고 이기적이며, 바라는 것이 많은 아이로 자라게 된다. 자연히 친구들이나 다른 사람들과의 관계도 어렵게 된다.

○○맘   저는 그래서 상황에 따라 어떤 것은 안 된다고 하고, 또 봐서 해줄 만한 것은 해주기도 해요. 이런 게 좋은 것인가요?

조선미   방법을 말하기 전에 한 가지 경우만 더 말씀드릴게요. 가장 흔한 경우가 아이 마음이 다치지 않게 뜻을 받아주다가 도저히 참을 수 없게 되면 갑자기 강압적으로 나가거나, 안 된다고 했다가도 떼를 쓰면 들어주는 것입니다. 이렇게 부모가 일관성이 없을 때는 아이가 혼란을 느끼기 때문에 한 방법만 사용하는 경우보다 좋지 않을 수 있습니다.

○○맘   그럼 어떻게 해야 하나요? 저는 모든 경우에 다 해당하는 것 같아요. 방법이 있는 거지요?

조선미   예, 방법이 있습니다. 그 모든 부작용을 피할 수 있는 방법이 바로 '아이와 협력하여 해결하는 훈련'입니다. 조금 힘들더라도 일주일에 한두 번씩 아이와 대화하는 훈련을 미리 해두면 아이가 컸을 때 무조건 시켜서 안 될 일도 대화로 풀어나갈 수 있게 됩니다. 이 부분이 어떻게 보면 아이와의 관계회복의 핵심이라고 할 수 있지요.

과정에 아이 참여시키기

수현맘 지난번에 우리 수현이가 자기 마음에 들지 않는 일이 생기면 어른 같은 말로 저를 이기려 한다고 하셨잖아요. 집에 가서 우리 둘이 하는 걸 가만히 보니 정말 그렇더라고요. 그래서 이번에는 굳은 결심을 하고 수현이가 편식이 심한 편이라 어떻게 하면 편식을 하지 않을까 하는 문제에 대해 이야기해봤는데 그럭저럭 잘 된 것 같아요.

나는 웃음으로 대답을 대신하고 곧 수현이네 촬영화면을 보았다.

#1. 저녁 식사를 마친 수현이와 엄마가 식탁에 마주 앉아 이야기를 나누고 있다.

○○맘　와! 대단하네요. 수현이가 평소에 어른처럼 말하는 건 알았지만 엄마가 뭘 이야기하려는지 다 알고 있는 것처럼 정답을 척척 말하네요. 미리 연습한 거 아니야?

한 엄마가 감탄과 함께 농담을 던진다. 안 그래도 수줍음이 많은 수현 엄마의 얼굴이 발그레하게 물들었다.

○○맘　그러게 말이에요. 정말 보통이 아니네요. 우리 애가 저 정도만 해도 걱정이 없겠어요. 그런데 정말 수현이가 요리도 했어요?

수현맘　예, 정말 했어요. 저녁 먹을 때가 되서 제가 준비를 하니까 자기가 채소를 썰겠다는 거예요. 그뿐만 아니라 저녁 반찬으로 나온 고기를 김치하고 바꿔서 더 먹으려고 스스로 애쓰더라고요.

조선미　수현이도 잘했지만 어머니도 참 잘하셨어요. 중요한 원칙을 잘 지켜가면서 수현이와 대화하는 모습이 인상적이었어요. 수현이가 이런 과정을 잘 따라온 건 아마 평상시에도 생각하는 방식이 꽤 논리적이기 때문인 것 같아요. 그렇지만 모든 아이들이 수현이처럼 할 거라고 기대하시면 안 됩니다. 보통의 아이들은 좋은 것은 하려 하고 싫은 것은 안 하려고 할 겁니다. 그렇기 때문에 앞서 설명 드린대로 아이와 협력하여 해결하기 훈련이 더욱 필요한 거지요.

수현 엄마의 표정이 자랑스럽게 빛나는 것에 비해 다른 사람들의 표정은 상대적으로 어두워졌다.

조선미 수현 어머니께 조금 아쉬운 점을 말씀드릴게요. 일단 해결방법이 결정되면 잘했을 때 상을 준다거나 하는 식으로 유지하는 방법까지 생각하셨다면 훨씬 좋았을 것 같아요. 어른도 마찬가지지만 마음으로 결정한 것을 계속해서 한다는 것은 꽤 어렵기 때문입니다.

아이와 대화하기

1학년짜리 수현이가 마치 어른처럼 논리적으로 이야기하는 모습을 지켜본 부모들은 약간 의기소침해진 것 같았다. 너무 잘된 사례부터 언급된 게 부담스러운 듯했다. 나는 지난주에 아이와 대화를 시도해 보았다는 준호 엄마에게 대화가 원만하게 되었는지 물어보았다.

준호맘 대화요? 어휴~ 잘한 건지 어떤 건지 모르겠어요. 제가 무슨 말만 하면 애가 짜증을 내서 쉽지 않았어요.

지난번에 촬영화면으로 보았듯 준호는 엄마가 대화를 하자고 하는데 눈도 마주치지 않고 삐딱한 자세와 시큰둥한 태도로 일관하였고, 엄마 말이 끝나지도 않았는데 일방적으로 자리를 뜨기도 했다. 그런데 학교에서는 전혀 그러지 않고 엄마에게만 이런 모습을 보인다는 것이다. 우리는 준호 엄마와 준호의 대화 장면을 직접 보기로 했다.

#2. 준호 방에 들어간 엄마는 방이 어질러져 있는 것을 보고 주섬주섬 치우다가 꼼짝도 않고 만화책만 보는 준호와 대화를 시도한다.

수현이 때와는 사뭇 다른 분위기 속에서 화면이 꺼졌다.

○○맘   그런데 대화를 한다고 해서 아이가 저렇게 말하는데도 다 받아줘야 하나요? 만일 그런 거라면 저는 자신이 없어요. 준호 엄마는 정말 성격이 좋은 것 같아요.

조선미   준호 어머니, 짜증 내지 않기를 대화주제로 삼았는데 그건 어머니가 평소에 생각해왔던 건가요?

준호맘   조금만 하기 싫은 걸 시키면 짜증을 내요. 그때는 제가 못 참고 화를 버럭 내게 되는데, 그러면 아이가 기가 죽으니까 그런 일이 없었으면 싶었죠.

조선미   그러니까 준호가 짜증을 내면 엄마는 분노폭발을 하고 그랬던 셈이네요. 그렇게 화내고 나면 미안해서라도 아이 행동을 변화시키기 어려웠을 것 같아요. 그런데 짜증 내지 않기와 같은 목표는 대화를 통해 풀기가 쉽지 않습니다. 짜증이나 울음 등은 감정표현인데, 감정은 의지로 조절하기 어렵습니다. 또 이미 습관으로 굳어져 오래된 행동도 대화를 통해 해결하는 게 쉽지 않습니다. 그때는 오히려 스티커가 적당하지요.

준호맘 그럼, 학원 다니는 건요? 지난주에 준호가 영어 학원을 다니지 않겠다고 해서 같이 대화를 하자고 해보다가 결국 화를 냈어요.

조선미 아이가 학원을 다니지 않겠다고 할 때 어머니들이 가장 먼저 생각해야 할 것은 그만둘까 말까가 아니라 먼저 어떤 점 때문에 아이가 힘들어하는지를 아는 것입니다. 시간이 길어서 힘든지, 숙제가 많아서 힘든지를 먼저 파악한 뒤 아이와 학원에 대해 합의를 하는 게 중요합니다. '너도 영어 공부가 필요하지? 그런데 학교에서 배우는 것만으로는 힘들지? 배우긴 해야겠는데 그럼 어떻게 할까?' 이런 식으로 방법이나 필요성에 대한 합의를 한 뒤, 아이가 학원을 다니기 어려워하는 원인을 파악하고 해결하면 됩니다. 시간이 너무 늦어서 힘들다면 좀 이른 시간으로 바꿔주고, 숙제가 너무 많다면 적은 곳으로 옮기거나 선생님과 의논해서 아이에게 적당한 숙제를 내주고 이런 식으로 하나씩 풀어가야 합니다.

엄마를 대하는 준호 태도가 계속 마음에 걸렸지만 이것을 다룰 기회는 앞으로 또 있을 것 같아 이 정도에서 마무리를 했다.

아이에게 협조 구하기

정민맘   저는 정민이하고 스티커 행동목록을 다시 정했는데 정민이가 반항을 해서 힘들었어요.

○○맘   행동목록을 어떻게 바꾸었는데요?

정민맘   요즘 수학을 잘 못 하는 것 같아 엄마하고 따로 공부하자고 했어요. 그리고 몇 가지 공부할 것을 더 추가했더니 막 화를 내더라고요.

엄마의 말대로라면 목록을 고쳤다는 것이 결국 학습량을 늘린 것이다. 정민이가 반발하는 건 당연한 결과다. 우선 학습량을 확인해야 할 것 같았다.

조선미   어머니가 행동목록을 만들어서 정민이에게 주셨나요? 혹시 항목이 몇 개나 됐나요?

정민맘   정민이한테 공부를 더 하라고 해도 들을 리가 없으니까 제가 정했죠. 열여섯 가지예요.

○○맘   너무한 거 아니에요? 이제 4학년이라면서 열여섯 가지나 하라고요? 그럼 당연히 애가 반발하지 그걸 받아들이겠어요?

정민맘   아직 아이가 어려서 잘 모르실 거예요. 요즘 애들이 얼마나 열심히 하는데요.

조선미   아이의 협조를 구한 게 아니라 어머니가 일방적으로 정해놓고 밀어붙이니까 정민이가 평소보다도 더 강하게 반발했을 것 같아요.

정민맘 나중에 마지못해 제 의견을 따른다고 했지만 영 탐탁지 않아 하더라고요.

조선미 혹시 이야기를 나누다가 정민이도 충분히 자기 이야기를 할 시간을 주거나 아이 마음을 읽어주셨나요?

정민맘 그래 봤자 자기주장만 할 텐데 그렇게 할 수는 없었죠.

엄마의 태도는 확고했다. 이 시점에서는 나 역시도 단호한 태도를 취해야겠다고 생각했다.

조선미 우리가 오늘 아이와 협력하여 해결하기 훈련을 하는 이유는 합리적으로 생각하는 방식을 아이한테 보여주는 거예요. 그런 관점에서 볼 때 어머니의 그런 태도가 정민이한테 어떤 영향을 주었을 거라고 생각하세요?

정민 엄마는 이 질문에 대답하지 않았다. 나는 정민이가 그렇게 걱정할 만한 아이가 아니라는 것을 엄마가 알았으면 했다.

조선미 제 생각에 정민이가 엄마에게 강하게 자기 마음을 표현했다는 것은 어찌 보면 긍정적인 변화입니다. 그동안 엄마가 정민이와 관계를 회복하려고 애쓰고 칭찬도 많이 해주셨잖아요. 그걸 힘으로 삼아 정민이가 이제 강하게 자기 생각을 주장하는 거라고 생각해보지는 않았나요?

정민맘   그런 건가요? 그렇게는 생각 안 해봤는데.

조선미   엄마와 정민이의 논쟁은 잘 보면 긍정적인 면이 있습니다. 전에는 엄마가 강압적으로 시키면 밖에 나가 친구하고 싸웠는데 지금은 엄마에게 자기 생각을 강하게 표현합니다. 이건 좋은 변화라고 봅니다. 부당한 일을 당했을 때 엉뚱한 대상이 아닌, 바로 그 상대방과 해결하려는 태도는 어른이 되어서도 필요한 거지요.

정민맘   그럼 정민이와 제가 계속 이렇게 싸워야 된다는 건가요?

조선미   정민 어머니처럼 아이와 대화할 때마다 자신도 모르게 일방적으로 지시를 하게 되는 분들이라면 하루에 10분 정도 시간을 정해놓고 무조건 아이의 말을 들어주는 연습이 도움이 됩니다. 많은 사람들이 대화하는 데는 별 노력이나 기술이 필요하지 않고 자연스럽게 할 수 있는 것이라고 생각하지만 사실은 그렇지 않다. 대화, 의사소통이란 상대의 마음을 따라가면서 하는 것이다. 그런데 많은 부모들이 평소에는 아이와 대화를 거의 하지 않고 지내다가 관계가 나빠지면 대화를 시도한다. 이때도 대화를 하자고 해놓고 대부분 아이를 추궁한다.

○○맘   그건 그래요. 그런데 도대체 어떻게 말을 해야 할지 모르겠어요. 아이에게 말을 하라고 해놓고 대답을 들어보면 또 답답해서 야단을 치게 되지요. 이게 대화가 아니구나 싶지만 이미 뱉

어놓은 말을 담을 수도 없고 후회하는 일이 다반사예요.

조선미 이런 경우 많은 분들이 '아이와는 말이 안 통하는구나'라고 생각해서 아이와 함께 대화로 풀어가려는 노력조차 하지 않는다는 거예요. 이렇게 되면 아이와의 관계회복은 돌이킬 수 없게 되고, 나중에는 아이한테 아무런 영향력을 발휘하지 못 하게 될 수도 있습니다. 부모님은 아이와 대화의 끈을 놓지 않기 위해서 노력하셔야 합니다. 그리고 대화에 대한 책임은 부모가 져야 합니다.

아빠와 함께 대화하기

현중맘 엄마와 하는 대화도 중요하지만 남자아이들 같은 경우는 특히 아빠하고 대화하는 것도 중요한 것 같아요.

현중 엄마가 색다르지만 중요한 의견을 제시했다. 아빠가 엄마를 지지하고, 엄마의 원칙을 존중하면 아이에게는 정말 좋은 본보기가 된다.

현중맘 저는 현중이하고 말하는 게 하도 힘들어서 남편에게 부탁했어요. 그랬더니 저한테 하는 것하고는 어찌나 다르게 행동하는지, 한편으로는 다행이다 싶었지만 괘씸하기도 했어요.

○○맘 그래요? 현중이가 어떻게 했는데요?

다들 궁금한 표정으로 현중 엄마의 대답을 재촉했다. 대답을 기다릴 필요가 없었다. 곧 촬영화면이 돌아가기 시작했다.

#3. 엄마의 부탁으로 현중이와 거실 탁자를 사이에 놓고 마주 앉은 아빠.

여기저기서 "멋지다!"는 감탄사가 나왔다. 내가 봐도 현중 아빠가 현중이를 다루는 솜씨는 보통이 아니었다. 자연스러우면서 단호하고, 벌을 주는 규칙과 함께 아이가 좋아할 만한 상을 제시하니, 엄마에게는 대들고 반항만 하던 현중이가 순식간에 순한 양으로 바뀐 것이다.

○○맘 현중이의 태도가 변한 걸 보니까 이래서 남자아이들은 아빠가 필요하구나 싶어요. 그렇죠?

조선미 남자아이들은 아기 때는 엄마의 보살핌만으로도 큰 문제없이 크지만, 조금씩 커나갈수록 남자로 크는 게 중요해집니다. 이때는 누구나 역할모델을 필요로 하는데, 남자아이일 경우 아빠가 됩니다. 아빠가 자기 생각이나 원칙이 분명하고, 아이들에게 따뜻하지만 경계를 분명히 할 경우 대부분의 남자아이들은 큰 문제없이 성숙한 성인 남자로 커나갑니다.

모두 고개를 끄덕이며 듣고 있었다. 지금까지 미처 깨닫지 못한 아빠의 역할에 대해 다 같이 실감하고 있었다.

어느새 마무리할 시간이었다. 여느 때처럼 마무리를 하면서 집에 갈 준비를 하는데 누군가 앞으로 두 번의 토론밖에 남지 않았다는 것을 상기시켰다. 다들 깜짝 놀라며 아쉬움을 표하는 동시에 당황한 기색을 보였다. 나는 토론이 끝나는 것에 대한 준비가 필요하다고 느꼈다.

조선미 그동안 아이의 행동을 변화시키는 방법에 대해 토론하고, 과제도 열심히 실천했는데도 아직 자신이 없지요? 이제야 내 아이가 어떤 아이인지 보이기 시작하고 아이와의 관계회복을 위해 무엇을 해야 하는지 어렴풋이 알 것 같은데, 한편으로는 아직 달라진 게 별로 없다는 생각도 들고 '관계가 회복되지 않으면 어쩌나……' 하는 불안감도 생길 거예요. 그냥 이렇게 생각하면 편해집니다. 모든 변화는 처음부터 100퍼센트일 수 없다고요.

어느 날 '아침형 인간이 돼야지!' 하고 마음먹는다고 해서 하루아침에 생활 습관이 바뀌지 않는다. 처음에는 사흘 일찍 일어났다가 예전으로 돌아가고, 다음에는 일주일 일찍 일어났다가 다시 돌아가고, 그다음에는 보름, 한 달, 이런 식으로 앞으로 나가다가 한 발자국 뒤로 물러서는 과정을 반복하면서 변화는 완성된다.

조선미 지금 어머니들은 그 첫발을 내딛은 거예요. 앞으로 남은 과정이 중요한데, 만약 너무 힘들다고 느껴지면 잠시 멈춰 서서 쉬는 건 괜찮아요. 포기하지만 않으면 됩니다. '잘해야지!' 하는 책임감 때문에 무리하다가 지쳐서 주저앉으면 나중에 다시 일어설 때는 지금까지 노력한 것보다 몇 배 더 힘이 듭니다. 지금까지 그래왔던 것처럼 끝까지 잘해낼 거라고 믿어요. 남은 시간까지 모두 힘내세요.

다음 토론에서는 부모 자신을 되돌아볼 시간을 갖기로 했다. 어릴 적 나는 부모와의 관계에서 어떤 영향을 받았고, 그 영향이 지금 나와 아이의 관계에 어떻게 나타나고 있는지 함께 생각해보자고 말했다. 그날따라 집으로 돌아가는 엄마들의 뒷모습에서 예전에는 찾아볼 수 없었던 자신감이 느껴졌다.

요약노트

아이와 협력하기

1 아이의 동의 이끌어내기
- 아이와 함께 이야기하고 충분히 동의를 이끌어낸다.
- 해결방식에 대해 엄마와 아이가 서로 아이디어를 낸다.
- 의논하여 가장 좋은 방법을 결정한 뒤 그대로 하기 위해 규칙을 정한다.
- 규칙대로 하면서 잘못된 것은 고쳐나간다.

2 과정에 아이 참여시키기
- 부모가 일방적으로 규칙을 정하면 아이의 자발성과 책임감이 떨어진다.
- 과정에 직접 참여해봄으로써 아이들은 문제해결 기술을 배우고 자신감이 높아진다.
- 아이들 스스로 어떻게 행동해야 하는지 생각하는 훈련이 된다.

3 아이와 대화하기 어려운 문제
- 짜증이나 분노와 같이 감정과 관련된 문제나 오랜 습관으로 굳어진 행동은 쉽게 해결되지 않는다. 이때는 스티커가 훨씬 효과적이다.
- 자신도 모르게 대화가 아닌 일방적인 지시를 하게 될 경우, 하루에 10분 정도 시간을 정해놓고 무조건 아이의 말을 들어주는 연습을 한다.

부모 자신 되돌아보기

이번 토론에서는 아이들 문제를 좀 내려놓고 부모 자신의 이야기를 하자고 해서 그런지 부모들의 표정에 여유가 있어 보였다.

조선미   어린 시절을 보내면서 부모님한테 섭섭한 게 하나도 없다고 자신 있게 말할 수 있는 사람은 별로 없을 거예요. 부모가 어렸을 때 나한테 조금만 더 신경을 써주었더라면 지금 내 인생이 달라졌을 텐데, 이런 분 있으면 손 들어주세요.

사람들이 웅성거리며 손을 들고 주변을 둘러본다. 놀랍게도 민주 엄마를 제외한 전원이 손을 들었다. 손을 든 사람이 많을 거라고 예상은 했으나 이 정도일 줄은 몰랐다. 나는 아직도 친정어머니와 갈등이 있다는 경민 엄마에게 어떤 점이 서운한지 물었다.

경민맘   제가 자랄 때 친정어머니가 가족의 생계를 모두 책임지셨어요. 참 힘들게 사셨지요. 그런 점에서는 지금도 어머니를 존경하지만 나를 조금만 이끌어주었더라면 얼마나 좋았을까 하는 생각이 들어요.

이번에는 손을 들지 않은 민주 엄마에게 물었다.

민주맘 공부하라고 만날 야단맞고 잔소리 듣는 게 아주 지겨웠어요. 차라리 그냥 놔뒀더라면 더 잘했을 텐데, 초등학교 고학년 때인가 몇 번 심하게 혼나고 아예 공부에 대한 흥미를 잃었어요.

조선미 자, 그럼 여기 계신 분들 중에 '그냥 두면 알아서 잘할 텐데'라고 생각해서 아이가 스스로 공부하도록 두는 분, 손 들어보세요.

아까와는 반대로 이번에는 민주 엄마만 손을 들었다.

○○맘   아이고! 아까와 완전 반대네.

○○맘   당연한 거 아니에요. 나는 내 부모가 안 챙겨줘서 섭섭했으니 내 아이는 잘 챙기자 생각하게 되고, 민주 엄마같이 부모의 잔소리가 지겨웠다면 '나는 애 잡지 말고 그냥 내버려 둘 거야' 하는 생각이 들 것 같아요.

조선미   그럼, 여러분은 아이들 공부를 잘 챙기려고 할 때, 혹은 간섭하지 말자 그런 생각을 할 때 '이게 다 내가 우리 부모하고 겪은 일 때문이다' 이렇게 생각한 적이 있나요?

○○맘   그런 생각은 못 해봤어요. 그렇게 해야 될 것 같아서 하는 거지요.

조선미   맞아요. 그래서 오늘은 내 성향, 내 어린 시절을 돌아보자고 한 겁니다.

우리는 아이를 키울 때 내가 왜 이런 결정을 내리게 됐는지 깊이 생각해보지 않는다. 하지만 어떤 결정을 내릴 때 사람들은 누구나 이러저러한 영향을 받게 마련이다. 결정 당시 상황이나 감정, 분위기도 영향을 미치고 과거의 경험 역시 알게 모르게 결정에 큰 역할을 한다. 이걸 깨닫지 못 하면 나도 모르게 잘못된 판단을 할 수 있다.

아직 풀지 못한 내 부모와의 관계

경민맘 저는 지금도 친정어머니와 가까이 살면서 여러 가지를 의논하곤 해요. 그런데 최근 들어, 아니 정확하게 말하면 제가 이 토론에 참여하면서부터 친정어머니하고 갈등이 생겼어요. 내가 단호하지 못한 게 문제인 것 같아 경민이에게 좀 엄격하게 했어요. 그런데 친정어머니가 자꾸 애를 감싸고도니까 경민이와의 관계가 어떤 면에서는 전보다 더 힘들어졌어요.

부모의 영향이 어린 시절에 끝난 게 아니라 지금까지, 심지어 부모가 되어 아이를 키우는 데까지도 그림자를 드리우는 듯했다.

○○맘 저도 사실은 주변 사람들이 마마걸이라고 불러요. 집에 커튼 하나를 바꾸는데도 꼭 물어보고, 엄마가 괜찮다고 하지 않으면 마음이 편치 않아요. 이게 좋은 건 아니라고 생각하지만, 그 결과가 저한테 좋을 경우가 많아서 고칠 생각은 별로 안 해봤어요.

다른 엄마들도 경민 엄마와 비슷한 경험을 말했다. 성인이 된 이후로도 여전히 부모의 영향을 받고 있는 사람들이 의외로 많았다.

경민맘 저희 친정어머니는 경민이밖에 몰라요. 둘째는 딸이라 그런지 애정이 훨씬 덜한 것 같고, 저나 남편보다도 오히려 경민이를 우선으로 하는 게 눈에 보일 정도예요. 어쩌다 제가 경민이를 혼내면 경민이 앞에서 저를 나무라기까지 해요.

우리는 경민 엄마가 최근에 친정어머니와 대화를 나누는 장면을 촬영한 것이 있다고 해서 함께 보기로 했다.

#1. 아이들은 거실에서 텔레비전을 보고 있고, 경민 엄마와 친정어머니는 식탁에 앉아 이야기를 나누고 있다.

사람들은 지금 본 장면에 대해 많이 놀란 것 같았다.

○○맘 어머! 친정어머니가 너무하신 거 아니에요? 경민 엄마가 말할 때만 해도 저 정도까지 생각을 못 했는데 지금 말씀 나누는 거 보니까 너무 한 것 같아요.

○○맘 어머니가 워낙 강한 분이시네요. 딸이 두 아이의 엄마가 됐는데도 여전히 미덥지 않고 자식 키우는 문제에 대해서도 본인

생각이 옳다고 저러시면, 아무리 부모 자식 간이라도 마음 상하지 않나요?

○○맘   경민이가 엄마 말을 안 듣는 게 당연한 것 같아요. 친정어머니와 자주 만난다면서요? 만날 때마다 저러시면 경민이가 외할머니만 믿고 제멋대로 하겠네요.

경민 엄마의 표정이 굳어졌다. 어느 정도 예상은 했지만, 이렇게까지 친정어머니와의 관계에서 자신이 밀리는지 미처 알지 못 했던 것 같았다. 나는 지금이 경민 엄마가 부모와의 관계를 돌아보고 재정립할 수 있는 좋은 기회라는 생각이 들었다.

조선미   경민 어머니, 그동안 친정어머니한테 자기주장을 정확하게 전달하고 협조를 구해본 적이 있나요?

경민맘   (힘없이)보셨잖아요. 누구 말을 듣는 분이 아니에요.

조선미   만일 제가 할머니와 같이 있는 시간이 경민이한테 결코 도움이 되지 않는다고 하면 앞으로 어떻게 하시겠어요? 친정어머니의 도움을 받지 않고, 결혼생활과 살림, 육아 등을 혼자서 잘할 수 있다는 자신감이 있으세요?

경민 엄마의 눈이 놀라움으로 커졌다. 지금까지 단 한 번도 그런 생각을 해본 적이 없는 게 분명했다.

조선미   제가 이런 이야기를 하는 이유는 경민 어머니가 정서적으로 친정어머니한테서 독립을 했는지 한번 생각해보라는 의미입니다. 경민이 외할머니 같은 성격의 부모에게 사랑을 받으려면 아이는 항상 모범적으로 행동하고 엄마가 싫어할만한 행동은 하지 않아야 합니다. 경민 어머니도 그렇게 자라지 않았나요?

경민맘   어려서부터 잔소리 들을 일은 절대 하지 않았다고 해요.

조선미   그렇게 자란 아이가 부모가 되면 자신의 아이에게도 부모님이 했던 것처럼 뭐든 자신이 나서서 다 해결해주려고 할 수 있습니다. 동시에 자신이 어렸을 때 그랬던 것처럼 내 아이도 알아서 행동하길 바랄 겁니다. 그렇지 않을까요?

경민 엄마의 표정이 다시 한 번 놀라움으로 바뀌었다. 지금까지 친정어머니 때문에 경민이와의 관계가 힘들었다고 생각했을 뿐, 자신과 친정어머니와의 관계 때문에 경민이를 과도하게 통제하고 아이에게 뭐라도 해줘야 한다는 부담감을 갖게 되었다고는 상상도 못 했던 것이다.

조선미   그런데 이렇게 자란 아이들은 남 보기에 뭐든 알아서 잘하는 것 같지만 행동의 동기가 부모의 인정을 받는 것이기 때문에 독립성이나 자율성이 키워지지 않습니다. 자연히 스스로 문제 해결 방안을 찾는 힘이 약해지고 힘든 일이 생기면 부모나 다른 사람에게 의존하게 됩니다.

경민 엄마는 이제 혼란스러워 보였다. 하지만 아이 교육은 어디까지나 부모가 결정하고 책임져야 할 일이다. 그렇게 하지 못 하는 건 아직까지 자신의 부모에게서 정서적으로 독립하지 못 했다는 걸 의미하고, 자신의 아이에 대해 스스로 판단하고 책임지려는 면이 약하다는 의미일 수도 있다. 아이와의 관계를 회복하기 위해서는 지금 상황을 바꾸려는 노력이 필요하다. 경민 엄마의 무거운 표정이 마음에 걸렸지만 약이 되리라 생각했다.

아이를 책임진다는 부담

윤서맘   과거 경험이라고 하니까 저는 결혼 전에 유독 아이들을 좋아하지 않았던 기억이 났어요. 조카들이 집에 와도 내 방에 들어오면 다 쫓아내고 아기들을 안아준 적도 별로 없어요. 이건 성격 문제일까요?

윤서 엄마는 유독 특별한 놀이를 힘들어했다. 윤서와 노는 모습을 보면 표정이 굳어져서 즐거움을 느끼지 못 하는 인상이 역력했다. 또 아이들의 요구에 대해서도 항상 부담을 갖고 대하는 것 같아 의아했던 기억이 떠올랐다.

조선미   윤서를 임신했을 때 어떤 생각을 하셨어요?

윤서맘   그날 엉엉 울었어요. '아! 이제 내 인생은 끝났구나' 그런 마음에 한참을 울었어요. 아이가 생기면 모든 것을 다 해줘야 된다고 생각을 했으니까요. 윤서가 어릴 때는 버스나 택시에서 아이가 잠이 들면 깰 때까지 손으로 머리를 받쳐주고 그랬거든요. 다 그렇게 하는 줄 알았어요.

○○맘 아니요. 저는 안 그러는데요. 힘들어서 어떻게 그렇게 해요. 그냥 안고 가거나 자리가 여유 있으면 눕혀서 갔지요.

윤서와 함께 있을 때 무표정하거나 심하게 화를 내는 엄마의 모습과 저토록 헌신적인 행동 사이에는 엄청난 거리가 있었다. 분명 여기에 이유가 있을 것 같았다.

조선미 혹시 그렇게까지 아이에게 잘해야 한다는 생각이 어디에서 비롯되었다고 생각하세요?

윤서맘 이런 말을 해도 되는지……. 집에 사정이 있어서 제가 초등학교 3학년 때부터 부모님이 따로 사셨어요. 저는 아버지하고 살았는데 저희 아버지가 본인 인생을 다 포기하고 저와 오빠에게 아주 헌신적으로 대해 주셨어요. 어린 마음에도 아버지가 정말 대단해 보였고, 은연중에 '부모라면 저래야 되는 거구나' 하는 생각을 많이 했던 것 같아요.

어렸을 때 이야기를 들어보니 윤서 엄마의 마음이 이해되었다. 자식들에게 헌신하면서 힘들어하는 아버지의 모습을 보고 헌신과 양육의 책임이 얼마나 무거운지도 배웠던 것 같았다. 그러다 보니 아이 키우는 일이 즐겁고 기쁜 일이 아니라 힘들고 부담스럽기만 한 일로 다가

왔을 것이다.

조선미　그런데 언제 갑자기 마음이 달라지셨어요. 계기가 있었나요?

윤서맘　아이가 대여섯 살 되니까 책에는 이 정도 나이 때는 알아서 한다고 했는데 얘는 안 하더라고요. 그리고 학교 들어가서 2학년, 3학년 되면서도 계속 그러니까 이걸 언제까지 해줘야 되나 싶고 나중에는 뭐랄까, 배신감? 좌절감? 이런 감정이 들면서 그때부터 화를 참지 못 했어요.

어렴풋하게 윤곽이 잡히는 듯했다. 평생 자기를 돌보지 않을 정도로 아이에게 헌신해야 한다고 생각했을 테니 그 무게가 얼마나 컸을까 싶었다. 이 연관성을 제대로 깨닫기만 한다면 윤서 엄마의 육아는 훨씬 가벼워질 수 있을 거라는 확신이 들었다.

조선미　윤서 어머니의 어렸을 때 환경과 지금 윤서를 키울 때의 마음이 굉장히 밀접하게 연관되어 있다는 생각이 들어요. 책임감이 너무 커서 애 키우는 즐거움은 당연히 느끼지 못 했을 것 같고요. 마음속으로는 '내가 언제까지 이렇게 해야 할까, 열 살쯤이면 된다고 했는데 그때까지만 꾹 참으면 되겠지' 하고 생각했는데 그게 되지 않았던 거지요. 그렇게 죽기 살기로 힘들게 모든 걸 다 했는데 '이 짐을 내가 언제까지 져야 되나?' 이렇게 생각하니 화가 났겠지요.

윤서 엄마의 눈가가 조금씩 젖어들기 시작했다. 옆의 엄마가 윤서 엄마에게 휴지를 건네주었다.

○○맘　그럼, 이런 경우는 아이와의 관계를 어떻게 풀어가야 할까요?

조선미　아이 키우는 걸 숙제처럼, 의무처럼 하면 정말 괴로워요. 이제부터 윤서 어머니는 서서히 책임을 내려놓고, 그야말로 아이와 즐거움을 공유하는 경험을 늘려야 합니다. 갑자기 되는 건 아니지만 특별한 놀이 같은 것을 어머니가 좋아하는 것으로 바꿔보세요. 오목을 좋아하면 아이하고 오목을 하고, 공기놀이를 좋아하면 공기놀이를 하고. 어렸을 때 즐겼던 놀이를 하면 더 좋을 것 같아요. 그런 식으로 노력하면서 책임과 즐거움의 비율을 점차 맞춰나가 보세요.

윤서 엄마가 눈물을 닦고 어느새 내 이야기를 듣고 있었다. 나는 윤서 엄마를 보고 미소 지으며 마지막 말을 하였다.

조선미　무엇보다도 지금까지 윤서 엄마로서 최선을 다했고, 잘해왔다고 자신을 칭찬해주세요. 내가 노력했기 때문에 윤서가 이렇게 잘 큰 것이고, 앞으로도 잘 될 거라고 자기 자신을 먼저 다독거려 주세요. 그리고 집에 가면 냉장고에 써 붙이세요. '윤서는 상처받아도 죽지 않는다!'고요. 그렇게 안 해주셔도 윤서는 끄떡없습니다.

나 자신의 삶에 만족하기

주변 사람들이 윤서 엄마를 따뜻하게 다독거리고 있었다. 내 일은 아니지만 옆에서 지켜보면서 마음속의 응어리가 함께 풀어지는 경험을 하고 있는 것 같았다. 나 역시도 잠깐 그 분위기에 젖어 있는데, 정민 엄마와 수아 엄마가 이야기를 나누는 모습이 보였다. 수아 엄마를 보니 문득 지난번에 공부 문제로 마음을 졸이던 모습이 떠올랐다.

조선미   수아 어머니, 만약에 수아가 공부를 못 하면 장래에 어떻게 될 것 같아요?

수아맘   공부를 못 한다는 생각은 안 해봤고, 공부를 잘해서 성공하는 사람들의 대열에 들었으면 싶어요. 그러니까 사회적 지위가 있었으면 좋겠다는 거죠. 제가 못 가진 걸 아이한테 바라고 있다는 생각은 해요.

수아 엄마가 솔직하게 마음을 털어놓는다.

조선미   그럼, 수아 어머니는 자신의 삶에서 무엇을 원했나요?

수아맘   주부가 아닌 밖에서 인정받는 사람이 됐으면 했었는데…….

조선미   그럼 지금의 본인 모습이 마음에 안 드세요?

수아맘   당연하죠. 어떤 때는 그래도 이 정도면 됐지 싶다가도 나보다 잘난 사람, 성공한 사람을 보면 '내 주제가 이것밖에 안 되는구나' 하고 비참한 느낌이 들어요. 그런 생각을 할 때 수아가 공부를 열심히 하지 않으면 화가 더 많이 나요. 지난번에 사촌애가 서울에 있는 명문대에 갔다고 연락이 왔어요. 그날 수아가 시험지를 받아왔는데 평소하고 비슷한 점수인데도 훨씬 야단을 많이 쳐서 결국 애를 울렸어요.

조선미 근본적인 문제를 생각해봐야 할 것 같아요. 어머니들이 자신의 삶에 대해 얼마나 만족스러운지가 아이에 대한 태도와 관련이 있겠지요?

○○맘 당연히 그럴 것 같아요.

○○맘 자기 삶이 만족스러운 사람은 정말 이룬 게 많아서 그럴까요?

가은맘 저는 지금 수아 엄마가 말한 것처럼 전업주부고 돈도 못 벌고 어렵게 살지만 나름대로 제 삶에 만족한다고 생각해요.

가은 엄마는 항상 에너지가 넘치는 모습이었는데, 어렸을 때 장녀로 부모님께 인정도 많이 받았고, 아직도 동생들에게 언니 노릇을 톡톡히 한다는 이야기가 떠올랐다.

조선미 가은 어머니는 지금 이룬 것도 별로 없다고 하셨는데, 어떤 점에서 삶이 만족스러운가요?

가은맘 저는 자랄 때 부모의 관심이나 인정을 많이 받은 사람이 삶에 대해서도 만족하면서 사는 게 아닐까 생각했어요.

수현맘 정말 그래요! 저도 그렇다고 생각해요. 저는 아까 수아 이야기를 들으면서 수아에게서 제 모습을 많이 봤어요. 저도 착한 아이 콤플렉스를 가지고 자랐거든요. 연년생 언니와 계속 비교당하고…….

○○맘 어유! 어떡해요. 저도 딸이라고 오빠한테 치어서 좋은 음식 한 번 못 먹어봤어요. 심지어 공부도 내가 더 잘했는데 저는 대학을 안 보내주고, 죽어도 공부하기 싫다는 오빠는 재수 삼수 시키더라고요. 그것 보고 저는 내 자식은 내 몸이 부서져도 하고 싶은 데까지 밀어준다고 결심했어요. 그게 잘못 되서 요즘은 애를 잡는 일로 가서 그렇지…….

수현맘 저는 공부 안 할 거면 나가라는 말도 들었어요. 그래서 '공부 못 해도 괜찮다, 그런 부모였으면 얼마나 좋았을까?' 생각하면서도 더 마음 아픈 건 나도 모르게 수현이한테 똑같은 모습을 보인다는 거예요.

조선미 그러니까 우리 애들한테는 그러지 말자고요. 이제 깨달았으니 얼마든지 어머니가 자기 행동을 조절할 수 있습니다. '성적이 모든 걸 다 보장해주지는 않아, 성적이 좋지 않을수록 자신감을 키워줘야 나중에라도 자기 삶을 찾아갈 수 있어' 이런 식으로 생각하도록 노력하셔야 합니다.

나는 용기를 내어 가슴속의 아픔을 솔직하게 털어놓은 수현 엄마가 대단하다고 생각했다. 처음 토론에 참여할 때에 비해 많이 달라진 모습이었고, 토론을 통해 엄마가 바뀌고 있었다.

조선미 준호 어머니, 어머니는 왜 그렇게 준호한테 최선을 다하세요?
내 질문이 뜻밖이었는지 준호 엄마가 눈을 크게 뜬다.

준호맘 잘하기를 바라는 마음에서 그러죠.

조선미 공부를 잘하면 뭐가 좋은가요?

준호맘 나중에 훌륭한 사람 되면 본인도 좋고, 저도 좋고. 엄마를 위해서라기보다는 준호가 저처럼 안 살고 다른 삶을 살았으면 해서죠.

조선미 준호 어머니는 자기 삶이 만족스럽지 않은가 봐요?

준호맘 실패했으니까요, 저는.

정민맘 아니, 뭐가 실패에요? 걱정할 일도 별로 없는 것 같은데.

준호맘 그러니까 친구들이나 주변 사람들, 예전 직장 동료들을 보면 참 성공했다는 생각이 드는데, 저는 아니잖아요.

정민맘 아이고 답답해! 그러니까 그게 왜 실패인지 근거를 대보라고요.

준호맘 저는 돈도 못 벌고 어쨌든 사회적인 지위도 없으니까…….

○○맘 친구들이 전부 다 사회생활 하면서 돈을 잘 버나요?

준호맘 제가 부러워하는 친구로 따지면 거의 다 그렇지요.

○○맘 그런 친구만 골라서 생각하니까 그렇죠! 직장생활 안 하는 친구들도 있잖아요.

조선미 지금 준호 어머니는 친구들 중에 잘하고 있는 사람만을 골라서 기준을 만든 것 같아요. 전체를 보는 게 아니라 일부 사람들만 놓고 기준을 삼으니까 그 기준이 어떨까요? 여러분은 텔레비전에 나오는 사람과 자신을 끊임없이 비교하면 어떨 것 같으세요?

○○맘   아이고, 그럼 텔레비전을 없애버려야지요. 매일 미남 미녀에 똑똑하고 돈 많은 사람들만 나오는데 그걸 어떻게 봐요?

조선미   자, 그런데 이게 굉장히 흔한 문제입니다. 내가 뭔가를 잘하는구나, 혹은 못 하는구나를 판단할 때 무엇을 기준으로 삼느냐에 따라 만족도가 크게 달라집니다. 운동을 하면서 올림픽 금메달을 꿈꾸거나 공부를 열심히 해서 세계 일류 대학을 간다면 좋은 일이지만 목표가 높으면 그만큼 부담스럽고 잘 안 됐을 경우 자신감도 많이 떨어질 겁니다.

○○맘   그래도 애들한테는 목표를 높게 잡아주는 게 필요하지 않을까요? 그래야 조금이라도 열심히 하지 않을까요?

조선미   그럼 지금 어머니께 여기서 배운 걸 열심히 익혀서 아이를 최고로 키우고, 저처럼 다른 부모들에게 교육하는 걸 목표로 정해드리고, 나중에는 그 교육을 외국어로도 해야 한다고 하면 의욕이 생길까요?

준호맘   이렇게 딱 나를 예로 들어 설명을 들으면 바로 이해가 되는데, 그게 애한테는 왜 안 되는지 모르겠어요. 노력을 해도 해도 끝이 없네요.

조선미 조금 힌트를 드린다면 목표는 지금 아이가 하는 것에서 딱 한 단계만 높여서 정하는 것이 좋습니다. 아이가 노력해야 얻을 수 있는 것이지만 그게 그렇게까지 어려우면 좌절할 가능성이 높기 때문입니다.

아이들에게 이 세상에서 최고가 되어야 하고, 누구에게나 인정받는 사람이 되어야 한다고 하면 아이들은 그 짐을 지고 평생을 살아가야 한다. 조금 잘한 것 갖고는 만족도 안 되고, 잘 하다가도 조금만 실패하면 큰 괴로움을 느끼게 된다. 지금 열심히 하는 것만으로도 칭찬받을 만하다고 격려해주고, 지금 하는 것에서 한 발자국만 앞으로 나가도 크게 칭찬해주자. 그게 아이들이 행복하면서도 열심히 하도록 만드는 핵심전략이다.

마칠 시간이었다. 이번 시간을 보낸 소감은 각자 다른 듯했다. 속을 털어놓아 후련한 표정도 보이고, 뭔가 골똘히 생각에 잠긴 모습도 보였다. 이 토론을 통해 두고두고 생각할 거리를 적어도 하나씩은 갖고 갔으면 하는 게 내 바람이다.
긴 여정의 끝이 보이는 듯하다.

며칠 후 동준 엄마에게서 메일을 한 통 받았다. 예상치 못한 만큼 반가운 마음이 들었다. 동준 엄마도 서서히 변해가고 있었다.

동준이가 좀 더 의욕적으로 놀아줬으면, 조금만 더 빠르게 움직였으면, 조금만 더 적극적으로 자기 표현을 했으면, 그러한 아쉬움들을 안고 여태 왔었죠. 그러다 그게 아이의 '기질'이라고 하셔서 조금 제 맥박이 느려졌긴 합니다.

선생님의 답글을 읽고 곰곰이 생각하다가 아주 밑바닥에 깔린 자동사고가 있는 것을 발견했습니다. 사람들은 저를 자신감 넘치는 사람으로 봅니다. 그러나 진심으로 말하는데 저는 자신감이 정말 없습니다. 한참 부족한 사람이라고 생각하지요.

그러다 보니 '부족한' 제가 아이를 현명하게 못 키울 거라는 사고가 자리잡고 있었기에 동준이의 느린 기질이 저를 더 힘들게 했던 것 같습니다. 그동안 나름대로 저를 바꿔보려고 혼자 애를 써왔긴 했지만 역부족이었습니다.

토론을 하면서, 선생님의 말씀 하나하나가 그동안 혼자 애써왔던 오랜 시간의 노력보다 더 빨리 흡수되는 건 사실입니다. '10퍼센트나 왔을까?' 하는 의구심과 '좀 더 시간이 많았으면 좋겠다'는 아쉬움에 여기서 배운 것을 제 것으로 흡수하려 노력하고 있습니다.

아이의 기질이나 문제로 보이는 행동들이 설령 정말로 문제라면 또 어떻습니까? 그게 내 아이인 것을요. 그러나 이상하게 마음의 준비가 잘 되지 않네요. 저도 뭐가 답답한지 잘 모르겠지만 아이와의 관계가 회복될 때까지 해볼 겁니다. 끝까지 도와주실 거죠?

요약노트

부모 자신 되돌아보기

1 부모 역할에 영향을 끼치는 내 부모와의 관계
- 부모님은 나에게 지지적이었는가, 강압적이었는가?
- 내가 원하는 것은 대부분 가질 수 있었는가, 좌절되었는가?
- 내가 하는 일들은 인정받았는가, 그렇지 않았는가?
- 형제들 사이에서 비교를 당했는가, 그렇지 않았는가?
- 현재 부모의 통제로부터 자유로운가, 그렇지 않은가?

2 양육에 대한 부모님의 태도
- 내 부모님이 양육에 대해 어떤 태도를 보였는가?
- 양육의 책임을 무엇이라고 받아들였는가?
- 아이의 문제를 얼마만큼 내 책임으로 받아들이는가?

3 삶에 대한 만족도
- 내가 성공한 삶을 살았다고 생각하는가?
- 나 자신에 대해 만족하는가?
- 사람들이 나를 인정한다고 생각하는가?

10강

변화, 그리고 아이와의 관계 다지기

드디어 10주간의 토론을 마무리하는 마지막 시간이다. 마지막이라고 생각하자 처음 시작하던 때처럼 정말 이 토론이 도움이 되었을까, 부모와 아이들이 조금이라도 더 행복해졌을까 하는 의문으로 마음이 복잡해졌다.

시험이 얼마 남지 않은 사람들은 새로운 것을 공부하기보다 오히려 자신 있는 부분을 다시 다지는 게 요령이라고 한다. 아이와의 관계도 마찬가지이다. 이해하기 어렵고 실천하기 힘든 부분을 더 열심히 하는 것도 필요하지만, 가장 잘할 수 있는 것을 확실하게 몸에 익히는 게 앞으로의 여정을 위해 가장 확실한 보루가 되기도 한다. 나는 마지막 시간을 아이와의 관계 다지기를 위해 할애하기로 했다.

문을 열고 들어가니 다른 때에 비해 왁자지껄하고 흥겨운 분위기로 사람들이 이야기를 나누고 있었다. 부부 동반으로 참석한 몇몇 아빠들의 모습도 눈에 띄었다. 엄마들의 얼굴에는 힘든 과정을 끝낸 자부심과 함께 아쉬움이 가득했다.

기준 바로 세우기

눈으로 동준 엄마를 찾았다. 내 시선을 느꼈는지 동준 엄마가 이쪽을 보고 미소 짓는다.

조선미 동준 어머니, 보내주신 메일 잘 받았어요. 지난 일주일 동안 동준이와 잘 지냈나요?

동준맘 여전히 느리기는 하지만 스티커를 주니까 스스로 하려는 모습을 보여서 그건 참 좋아요. 게다가 제가 받아주니까 자신감이 생겼는지 동생한테 형 노릇까지 하더라고요. 이제는 애가 뭘 잘못 해도 바로 화를 내지는 않고, 답답해하는 마음을 들키지 않으려고 한 번 더 생각을 하게 돼요.

○○맘 내가 기억하기로 네 번째 시간까지도 분명 동준이가 문제가 있는데 다른 사람이 아니라고 하니까 이상하다고 했잖아요. 지금은 완전히 다른 말을 하네. 좀 느린 것만 힘들다라니…….

조선미 부모와 아이 관계는 유일하고 절대적인 것이기 때문에 부모의 기준이 잘못 설정되면 양육이 왜곡되기 쉽습니다. 잘못된 기준을 갖고 몰아가면 누구도 도와주기가 어렵습니다. 게다가 생각이나 기준이 잘못되었다는 것을 안다고 해서 행동이 쉽게 바뀌지도 않습니다. 이때는 생각에 집착하지 말고 행동부터 바꿔보는 게 도움이 되는데 동준 어머니가 그걸 잘하신 것 같아요.

동준맘 아이를 긍정적으로 보려고 노력하고 있어요. 그런데 요술처럼 확 달라져서 저도 뿌듯하고 남들도 놀라게 해주고 싶었는데 아이를 바라보는 내 생각이나 기준이 욕심만큼 바뀌지 않는 것 같아서 그건 아쉬워요.

그 정도의 아쉬움도 없다면 거짓말일 것이다. 지금처럼 엄마가 노력한다면 오래지 않아 동준이와의 관계는 완전히 회복될 것 같았다.

수아맘 저도 예전에는 제 기준을 갖고 아이를 닦달하느라 힘들었는데 이제는 많이 편해졌어요. 수아가 저를 어려워하고 무서워만 하더니 이제는 장난도 치고, 심지어 저를 놀리기도 해요.

행복한 변화를 보인다는 수아의 모습이 궁금했다.

#1. 수아가 엄마에게 놀이도구를 펼쳐놓으며 특별한 놀이를 하자고 조른다. 엄마는 흔쾌히 허락하고 만들기를 시작한다.

○○맘　예전에는 상상도 못 하던 모습이네요. 수아 얼굴이 환한 걸 보니까 보는 사람 기분이 다 좋네요.

○○맘　전에는 수아 엄마 표정이 너무 냉정해보여서 수아가 불쌍해 보였는데, 웃으니까 모녀가 저렇게 예쁜 걸.

수아맘　사실 오래전부터 아이와의 관계에서 제 방법이 문제라는 걸 알고는 있었어요. 하지만 의지가 약해서 바꾸지 못 했는데 토론에 참여하면서 그 방법을 배웠어요. 아직은 50퍼센트도 변하지 못 했지만 아이를 칭찬하고 특별한 놀이를 하면서 주위 사람들이 수아의 표정이 밝아지고 애교가 많아졌다고 해요. 나름 노력한 보람이 있어서 흐뭇해요.

'와!' 하는 감탄사와 함께 누군가 박수를 쳤다.

경민맘 수아 엄마는 표정이 부드러워졌다고 하는데 저는 목소리가 작아졌어요. 이 중에서 제일 조용해진 집이 아마 우리 집일 거예요.

○○맘 무슨 말이에요?

경민맘 전에는 하루가 끝날 무렵이면 너무 진을 뺀 나머지 기진맥진하고 쓰러질 것 같았어요. 그런데 요즘은 밤이 되도 전처럼 피곤하지 않더라고요. 곰곰이 생각해보니까 전에는 무조건 소리를 질러서 애들을 제압하느라 힘들었는데 이제는 그러지 않으니 힘이 덜 빠지네요.

○○맘 경민이가 이제는 떼를 안 쓰나요?

경민맘 그건 아니죠. 아직 어린애인데. 여전히 동생하고 다투고, 하고 싶은 게 제대로 안 되면 전처럼 바닥에 눕기도 하고 떼를 쓰기도 해요.

○○맘 그럼 어떻게 하세요? 경민이 떼쓰는 게 만만치 않던데.

경민맘 한두 번 타이르다가 '너 떼쓰면 엄마가 어떻게 한다고 했어?' 그러면 '생각의자!' 그러면서 행동이 바뀌어요. 전처럼 엄마가 봐주는 일도 없으니까 생각의자라고 하면 무서워해요.

경민이의 변화가 마음으로부터 반가웠다. 그렇지만 경민 엄마는 살면서 계속 기억해야 할 일이 있고, 그걸 짚어주는 게 오늘 내가 할 일이었다.

조선미   경민 어머니는 아이들에게 좋은 엄마가 되고 싶은 분이고, 아이가 기분이 나쁘면 그게 엄마 탓이라고 생각해왔어요. 아이가 원하는 걸 얻지 못 해 화가 났을 때 그걸 내버려 두면 스스로 나쁜 엄마라고 생각하신 거죠.

경민맘   예, 맞아요. 하지만 이제는 애들이 떼를 써도 전처럼 안쓰럽게 느껴지지 않아요. 그저 단호하게 말하고 '생각하는 의자'에 앉혔는데, 이걸 시작하면서 아이도 나도 감정소모가 많이 줄어들었어요. 아이 요구를 들어주는 것은 한도 끝도 없고, 적절한 선에서 끊어주는 게 아이에게도 인내심과 자제력을 키워준다는 걸 알았어요.

사람은 누구나 살아가면서 어느 정도 상처받고 좌절하고 실패를 겪는다. 많은 부모들이 아이가 좌절을 겪지 않도록 하는 게 부모의 역할인 줄 아는데, 어떤 좌절 상황에서도 절망하지 않고 일어나는 법을 가르치는 것이 훨씬 중요하다. 좌절을 겪지 않게 한다는 건 가능하지도 않을 뿐더러 아이를 영원한 미숙아로 만드는 일이다. 혹시 아이가 자주 안쓰러워 보인다면 부모로서 자신을 되돌아볼 필요가 있다.

아이와의 관계회복을 위한 부모의 변화

부모들 얼굴을 살피다 보니 처음 토론을 시작할 때와 비교해 눈에 띄게 표정이 달라진 몇몇 부모들이 보였다. 고단한 육아와 가사 때문에 우울증에 시달리던 부모들이었다. 특히, 정은 엄마의 생기 있는 표정은 언제 우울했나 싶을 정도로 활기차 보였다.

정은이는 떼가 심해서 우울한 엄마를 더욱 힘들게 했고, 기력이 부족한 정은 엄마로서는 정은이를 받아주기 어려웠다. 기운을 회복하면서 정은 엄마는 정은이의 감정과 욕구에 민감하게 반응을 보였고, 아이와의 관계는 서서히 좋아졌다.

꼬마 정은이의 모습을 다시 보고 싶어 하는 사람이 많았고, 아빠도 특별 인터뷰를 했다고 해서 잠깐 촬영화면을 보기로 했다.

#2. 특별한 놀이로 물감 놀이를 하는 엄마, 정은이, 동생. 전과 달리 동생과 싸우지도 않고, 울거나 떼를 쓰지도 않는다.

정은 아빠 처음에 정은 엄마가 토론에 참여한다고 해서 뭐 그런 데를 가느냐고 했는데 잘한 것 같아요. 예전에는 정은이한테 화를 많이 내고, 특히 아침이면 서로 막 싸웠어요. 애가 울다가 어린이집을 가는 일도 많았는데 지금은 그러지 않는 게 제일 큰 변화인 것 같아요. 단지 어려웠던 부분은 정은 엄마가 여기에 나와야 하니까 제가 그 시간을 메워야 해서 그때 많이 힘들었죠.(웃음)

○○맘 (부러운 듯) 정은 아빠, 멋지네! 토론에 간다고 애들도 맡아주고.

정은맘 그 부분도 중요한 것 같아요. 제가 그동안 육아에 지쳐 쉬고 싶어도 잠시도 애들한테서 벗어날 수가 없었어요. 그런데 여기에 참석한다고 하니까 남편이 적극적으로 애들을 봐주고, 저는 잠깐이라도 애하고 집에서 벗어나 나만의 시간을 갖게 돼서 그것도 우울증을 치료하는 데 도움이 많이 됐어요.

○○맘 맞아요. 여기서 나눈 이야기도 도움이 되지만 이 시간만큼은 내 시간이고 자유로우니까 이 기운으로 일주일을 보낸다 하는 생각이 들 때도 있었어요.

지원맘 저도 선생님이 권해주셔서 우울증 치료를 받았잖아요. 그 당시에 남편이 지방에 근무해서 일주일에 한 번밖에 볼 수 없었는데, 제가 치료를 받는다고 하니까 관심을 갖고 많이 도와줬어요. 저한테는 무엇보다도 그게 큰 힘이 됐어요.

지원 엄마는 결혼 초부터 남편과 함께 일을 하느라 아이들을 거의 돌보지 못 했고, 그러다 보니 엄마 노릇이 익숙하지 않고, 심지어 아이와의 스킨십이 편하지 않다고 했었다. 그런데 토론을 마칠 즈음 촬영한 모습을 보면 책을 읽거나 공부를 하면서도 모녀가 몸을 맞대고 있을 정도로 스킨십이 자연스러워진 모습이었다. 나는 그렇게 되기까지의 노력에 대해 지원 엄마를 격려했다.

지원맘 사실 쉽지는 않았어요. 무엇보다도 습관이 안 되어 있어서 나도 모르게 애를 밀어내곤 했는데, 그때마다 선생님이 아이를 위해서 '이를 악물고서라도 하라!'는 말이 떠올랐어요. 그렇게 노력하니까 10주라는 시간에도 서서히 몸에 배는 걸 느끼겠더라고요.

지원 엄마와 이야기를 마치고 나니 옆에서 예쁘게 웃고 있는 윤서 엄마가 눈에 띈다. 지난 시간에 아이 키우기에 대한 과도한 부담 때문에 윤서 행동이 있는 그대로 보이지 않는다는 이야기를 했는데 지금은 어떨까 싶었다.

윤서맘 지난주에 제가 왜 그렇게 윤서 때문에 화가 나는지에 대해 이야기하면서 제가 양육을 굉장히 무거운 책임으로 받아들여 윤서를 볼 때 즐겁거나 편치 않다고 하셨잖아요. 그날 집에 가서 저녁을 먹고 윤서가 샤워를 하는데 갑자기 저렇게 샤워기를 들고 씻는 게 얼마나 힘들까 하는 생각이 들면서 걱정이 되더라고요. 그 순간 바로 이거구나 하는 마음이 들었어요.

우리는 모두 그 말을 듣고 깜짝 놀랐다. 차에서 윤서가 잠들면 내내 머리를 받쳐주었다는 이야기를 들을 때만 해도 그런가 보다 했는데 윤서 엄마가 윤서에 대해 갖고 있는 부담은 상상을 초월했다.

윤서맘 그걸 안쓰럽게 생각하는 제가 이상하다는 생각은 그동안 한 번도 안 해봤어요. 그동안 엄마 없이 사소한 일 하나도 제대로 처리하지 못 하고 도와달라는 말 한마디도 못 하는 애를 보면서

'바보 아닌가?' 하는 생각까지 했지요. 그런데 여기 참석하면서 보니 제가 윤서 스스로 할 수 있는 자발성과 내성을 키워주지 않았던 것이지, 윤서 자체가 능력이 없는 아이가 아니라는 걸 알았어요. 그걸 깨닫고 제가 글을 올렸어요.

선생님께서 '집안 여기저기에 윤서는 상처받아도 죽지 않는다고 써 붙이세요'라고 하셔서 그 날은 웃음이 나기도 했지만, 그 말씀 덕분에 제 마음에 환하게 불이 켜진 것 같습니다. 뭔가 제 마음을 짓누르던 짐의 정체를 알게 되었어요.

어제 저녁에는 잘잘 시간이 되었는데도 윤서가 아빠와 이야기를 하고 있었습니다. 그걸 보고 제가 "왜 아직도 이불 속에 안 들어가고 여기 서 있어?"라고 했더니 윤서는 말없이 방으로 들어갔어요. 윤서 아빠는 아이가 그 말에 상처 받을까 봐 걱정하면서 "윤서가 내일 입을 옷을 챙기려고 기다리고 있었는데 왜 화를 내?"라며 제게 핀잔을 주더라고요.

그런 윤서 아빠를 보며 예전 제 모습이 떠올랐습니다. 윤서가 하려고 했던 것을 못했을 때 너무나 미안해하고 안쓰러워했던 제 모습이. 그러던 제가 어제는 "그게 뭐 그리 큰일이라고!"라는 생각을 하고 있었어요. 저, 정말 많이 변한 것 맞죠? '우리 윤서는 상처받아도 죽지 않아'라는 생각이 저를, 우리 윤서를 조금씩 편안하게 해줄 것 같습니다. 정말 저와 윤서를 행복하게 해줄 큰 깨달음입니다.

그동안 윤서 엄마를 봐왔던 우리는 그 변화가 무슨 의미인지 이해하고 있었다. 어린 시절, 힘들게 남매를 키우던 아버지를 바라보며 보살핌이라는 게 저렇게 무거운 거구나 하고 즐거움 대신 과중한 책임부터 배웠던 어린 소녀가 이제는 자신감 있는 부모의 모습으로 변모한 것이다.

마음의 여유 갖기

어린아이들과의 관계는 비교적 짧은 시간에 수월하게 회복되는 편이지만 큰 아이들, 특히 부모와의 관계가 상하면서 점차 반항하고 말을 안 듣는 아이들과의 관계는 회복하기까지 시간이 더 많이 걸린다. 그동안 고생해온 큰 아이들 엄마를 위해 지금까지 사소한 변화라도 생겼다면 그 부분에 집중하고, 지치지 않도록 격려하는 것이 필요했다. 나는 호성이와 나눈 이야기가 부모들에게 도움이 될 거라 생각했다.

  조선미 : 엄마가 토론에 나가면서 어떤 점이 달라진 것 같아?
  호 성 : 하라고 하는 게 다 바뀌었어요!
  조선미 : 어떻게 바뀌었어?
  호 성 : 규칙이 다 있어서 규칙대로 해요.

조선미 : 아! 규칙이 생겼구나. 규칙이 생기니까 어때?

호　　성 : 좋은 거 같아요.

조선미 : 어떤 점이 좋아?

호　　성 : 내가 해야 할 일이 다 정해져 있으니까요.

조선미 : 전에는 엄마와 공부 때문에 다투고 그랬는데 요즘은 어때?

호　　성 : 요즘은 안 그래요.

조선미 : 왜 안 그럴까?

호　　성 : 제가 규칙대로 다 하니까요. 잘해서 그래요!

조선미 : 혹시 규칙을 잘 지키면 무슨 좋은 일이 생겨?

호　　성 : 스티커도 생기고, 엄마한테 잔소리도 안 듣고…….

조선미 : 엄마한테 앞으로 더 바라는 게 있다면 어떤 게 있어?

호　　성 : 없어요!

처음 토론할 때만 해도 호성이는 제 할 일을 제대로 하지 않아 엄마가 많은 부분을 간섭하고 잔소리를 해야 했고, 심지어 급할 때는 밥도 떠먹여 주고 옷도 입혀준다고 해서 우리를 놀라게 했었다. 그런데 의젓하게 말하는 모습을 보며 괜한 걱정을 했나 싶을 정도로 호성이는 달라진 모습을 보여주었다.

호성맘　요즘은 제 책상하고 신발장까지 정리해요. 도대체 예전에 내가 왜 그걸 다 해줬을까 싶어요. 지금은 이렇게 잘하는 녀석이 왜 그렇게 애를 먹였는지……. 물론 제 잘못이 크긴 하지만 전에는 정말 몰랐어요.

조선미 호성이가 큰 아이다 보니 스스로 뭐가 중요한지를 잘 파악했어요. 얘기를 하면서 몇 번이나 '규칙이 있으니까 좋다'고 했는데 여기에 어머니가 기억하셔야 할 중요한 원칙이 있습니다. 호성이는 지금 자신이 함께 참여해서 정한 규칙을 지키는 것을 좋아하고, 그 규칙대로 결과가 주어지는 환경에 안정감을 느끼고 있습니다. 그동안 어머니와 호성이가 갈등을 겪은 이유 중에 하나가 일방적으로 지시하고 시키는 것이었는데, 이런 방법이 얼마나 효과가 없고 부작용이 큰지 어머니도 이제 아셨을 거예요.

호성맘 전에는 힘든 일을 내가 대신 해주는 게 아이를 도와주는 것이라고 생각했는데, 여기 참여하면서 지켜보니까 아이는 힘든 일이라도 스스로 하고 인정받는 것을 훨씬 좋아하더라고요. 그걸 알았으니까 이제 힘든 일도 스스로 하도록 격려할 거예요.

처음과 달리 호성 엄마의 목소리는 단호하게 변해 있었고, 듣는 우리들은 그 변화가 결국 호성이의 변화를 이끌어냈음을 알 수 있었다. 옆에 앉은 현중 엄마가 호성 엄마에게 이제 아이와의 관계가 회복되어 얼마나 좋으냐고 하면서, 자신은 지난 한 주 동안 마음이 답답했는데 최근 들어 현중 아빠가 도와주면서 현중이 태도가 조금씩 변해간다고 했다.

현중맘 애 아빠가 매일 저녁 8시에 전화로 현중이가 그날 하루 엄마와 잘 지냈는지 체크하고 격려해주고 있어요. 처음에는 전화 받기 귀찮다고 툴툴거리던 녀석이 얼마 전엔 '아빠, 저녁밥은 드셨어요?'라고 묻고, 저한테도 '엄마, 아빠 저녁 안 드셨대요. 집에 와서 진지 잡수신대요'라고 해서 깜짝 놀랐어요. 이런 일은 거의 없었거든요.

그 말을 듣고 어떤 생각이 들었냐고 물었다.

현중맘 부모가 어떻게 대하느냐에 따라 이렇게도 행동할 수 있는 아이구나 하는 생각을 많이 했어요. 그리고 보니 또 한 가지 변화가 있네요. 제가 울적해할 때 현중이가 와서 "엄마 화났어요? 기분 안 좋은 일 있어요?" 하고 물어요. 전에는 전혀 제 기분 같은 건 신경도 안 쓰는 것 같았거든요.

아직 공부하면서 버럭 화를 내기도 하고, 예전의 버릇없는 말투가 불쑥불쑥 나온다고 하지만 나는 부모가 현중이의 이런 행동을 작은 변화로 받아들이고, 스스로의 노력을 인정해주라고 이야기하였다. 부모 입장에서 아이를 위해 할 수 있는 것은 올바른 방법을 선택해서 최선의 노력을 다하는 것이다. 최선을 다했다면 그 결과에 대해서는 내려놓는 마음의 여유도 아이와의 관계회복을 위해서는 중요하다.

동수맘 지금 들어보니 우리만 하나도 변하지 않은 것 같아요. 저도 이런저런 방법을 다 써봤는데 도대체 왜 그런지 모르겠어요.

○○맘 (위로하듯) 잘 생각해보세요. 조금이라도 변화가 있겠지요.

사실 동수네는 처음 토론을 시작할 때와 비교해봐도 눈에 띄는 변화가 없었다. 변화가 없다면 왜 변화가 없는지를 이해하는 게 중요했다. 변화가 없다는 데 대한 좌절감만으로는 앞으로 나아갈 수가 없기 때문이다.

조선미 부모가 아이를 대하는 방법은 크게 두 가지입니다. 하나는 긍정적인 상호작용을 통해 관계가 좋을 경우 아이가 엄마를 좋아하기 때문에 말을 잘 듣게 됩니다. 또 하나는 강압적으로 아이를 다루어 무서워서 말을 듣게 하는 방법입니다. 동수는 엄마와 긍정적인 관계가 잘 형성되지 않은 것 같은데 어렸을 때는 무서워서 어느 정도 말을 들었던 것 같아요. 그런데 이제는 어느 정도 커서 엄마가 덜 무서워지니까 점점 더 말을 듣지 않게 된 게 아닐까 싶어요.

동수 엄마가 잠시 머뭇거리더니 뜻밖의 소식을 전해주었다.

동수맘 무슨 생각인지 모르겠는데 동수 아빠가 지난주에 아버지 학교에 등록했대요. 제가 오래전부터 권했는데 그때는 들은 척도 안 했거든요. 그런데 제가 토론에 참여하면서 남편도 뭔가를 느꼈는지 제가 재촉하지도 않았는데 등록을 했다고 그러더라고요.

'와!', '어쩜!' 하는 놀라움의 속삭임이 방 안을 메웠다. 투덜거리듯 말했지만 동수 엄마의 어조에도 흐뭇함이 배어 있었다.

우리끼리 그동안의 이야기에 몰두하다 보니 참석한 아빠들이 어떤 생각을 할까 궁금해졌다. 요즘은 전에 비해 아이나 부모교육에 관심을 갖는 아빠들이 많이 늘어났고, 무엇보다 긍정적인 것은 바깥일에만 신경 쓰던 아빠들이 엄마와 함께하려는 움직임이 활발해졌다는 것이다. 그 중에서도 수현이네 가정은 아빠의 변화가 가족을 변화시킨 대표적인 사례였다.

수현 아빠는 엄마와 나이 차이가 많이 나는 편이고, 가정에서 권위적인 모습으로 수현이를 자주 야단쳐 엄마가 힘들어했는데, 최근 들어 가정 분위기가 많이 달라졌다는 이야기를 여러 번 들은 터였다. 나는 우선 수현 아빠에게 참석해준 것에 대해 감사하면서 수현 엄마가 토론에 참여한 것에 대한 아빠의 의견을 물었다.

수현 아빠 우선은 놀랐죠. 수현이가 엄마한테 말대꾸도 많이 하고, 대들고 이기려 드는 모습을 화면으로 봤는데 저한테는 안 그래서 전혀 몰랐거든요. 그때부터 정말 고민을 많이 했지요. 제가 늦게 결혼해서 애가 수현이 하나이다 보니 아이에 대해 기대가 많았어요. 그래서 많이 엄격해졌던 것 같고, 특히 뭔가를 하다 흐지부지하는 것은 제가 제일 싫어해요. 그래서 혼도 많이 내고 소리도 쳤는데, 이제는 그러지 말라고 하니까 좀 참아야죠.

수현맘 아빠가 하도 애를 혼내니까 전에는 아빠가 혼내지만 않으면 된다고 생각했어요. 그런데 지난번 특별한 놀이시간에 엄마 대신 아빠와 놀이를 하도록 부탁해보라고 하셨잖아요. 그 말을 듣고 아빠와 수현이가 특별한 놀이를 할 수 있는 계기를 마련했는데, 놀이를 하면서 아빠와의 관계가 자연스럽게 회복되었어요.

조선미   아빠가 많이 노력해주신 게 수현이에게는 정말 특별한 경험이 되었을 것 같아요.

사실 아이와 함께하는 시간이 길지 않은 아빠들로서는 집에서 그 역할을 찾는 게 쉽지 않다. 그래서 엄마가 집에서 아빠의 역할을 찾도록 도와주는 게 필요하다. 예를 들어, 스티커 제도를 할 때도 스티커는 엄마가 주더라도 스티커를 모아 상을 줄 때는 아빠가 준다거나 하는 식으로 아빠의 역할을 마련해주면 좋다. 또 매일은 힘들겠지만 일주일에 한두 번이라도 아이와의 특별한 놀이시간을 갖도록 자리를 마련해주고 격려해준다면 관계도 좋아지고 아빠 역시 자신감을 가질 수 있다.

마지막으로 아직도 궁금하거나 자신 없는 부분이 있는지 물어보았다.

경민맘   지금은 아이와의 관계가 어느 정도 회복됐지만 크면서 상황이 달라지잖아요. 그때는 어떻게 하지요? 저는 자신이 없는데.

조선미   그동안 여러분은 아이와의 관계회복을 위해 최선을 다했고 충분히 익혔습니다. 여기에서 배운 것은 단순히 그때 그때의 상황에 대응하는 기술이 아니라 원칙에 해당하는 것입니다. 아이와의 관계가 다시 삐걱거리기 시작한다고 느낄 때 여기서 익힌 방법들을 처음부터 돌이켜보고 어떤 부분을 바꿔야 하는지 판단할 수 있다면 크게 걱정하지 않아도 됩니다. 그리고 아이가 성장하면서 예상되는 다양한 상황들에 대해 어떤 식으로 대처해나가야 하는지 나름의 원칙을 세워보세요. 그러면 어떤 갈등이 생겨도 스스로 해결해 나갈 수 있습니다.

이렇게 말했는데도 부모들의 얼굴에는 불안이 가시지 않는 듯했다.

○○맘　조금 있다가 예전의 관계로 되돌아가면 어쩌죠?

조선미　세상에는 단 한 번의 시도로 변화하는 일도 있지만, 좋아졌다 악화되는 과정을 반복하는 경우가 훨씬 더 많습니다. 중요한 건 점차로 좋아진다는 것이지요. 조금 뒤로 돌아갔다고 낙담하지 말고 '더 노력하라는 경고구나' 하고 받아들이세요.

우리는 서로 연락처를 교환했다. 서로 연락하고 만나면서 도울 수 있는 부분은 돕도록 부탁했고, 어려움이 생기면 나에게 연락을 달라고 했다.

이렇게 우리는 10주간의 부모토론을 끝마쳤다.

에필로그

　이후로도 간간이 부모들이 연락을 해서 소식을 들을 수 있었다. 내가 운영하는 인터넷 카페에 글을 남기기도 하고, 쪽지나 문자를 남기는 경우도 있었다. 직접 전화해서 고민을 토로하는 엄마도 있었고, 주변에 볼 일이 있어 왔다가 내 사무실을 들러 반가운 만남을 가진 적도 있다.
　무엇보다도 반가운 소식은 동수 아빠가 아버지 학교에 참석하여 전 과정을 다 마쳤으며, 동수와의 관계가 회복되기 시작했다는 것이다. 최근에는 게임기 때문에 실랑이를 벌이고 있으나 아빠가 도와주고 있어 예전에 비하면 갈등은 훨씬 덜한 것 같았다.
　수현이는 내 카페에 직접 글을 올려 나를 놀라게 했다. 엄마에게 졸라 편지를 쓴다며, 나에게 가족과 자신을 도와주어 고맙다는 내용의 편지를 보내왔다. 자라는 과정에서 인정받지 못 해 자신감이 부족하다던 수현 엄마는 아는 사람을 통해 취직했다는 소식을 전해왔다. 토론을 할 때만 해도 다른 사람들 대하는 게 힘들다고 했는데, 지금은 여러 사람을 상대로 자기 일을 잘하고 있는 것 같았다.
　정은 엄마 역시 우울증에서 벗어나 정은이와 평화로운 날들을 보내고 있다고 했다. 이전에 어떻게 그렇게 살았는지 상상이 안 되고, 토론에 참여하지 않았다면 이런 변화도 없었을 거라며 고마움을 전해왔다.
　토론을 하는 10주 내내 강한 자동사고와 완고한 모습으로 나와 자주 논쟁을 벌였던 동준 엄마는 지금 나에게 가장 자주 연락하는 사람

중 하나이다. 잘 될 때도 있고 잘 안 될 때도 있지만, 가능하면 마음을 내려놓으려고 애쓰고 있고 동준이와 좋은 관계를 유지하는 데 집중하고 있다고 한다.

아이 키우기는 항해에 비유할 수 있다. 배가 항구를 떠나면 목적지에 도착할 때까지 예상치 못 했던 여러 가지 어려움을 겪게 된다. 그 배의 선장은 부모이고, 선원은 아이들이며, 닥친 어려움을 어떻게 해결하느냐는 전적으로 배를 책임지는 선장에게 달려 있다. 어느 길을 선택하느냐에 따라 어려움을 많이 겪을 수도 있고, 어려움을 덜 겪고 항해가 끝날 수도 있다.

선장과 선원 사이에 의견이 일치하고 협력이 잘 되면 수월한 일도 분열과 갈등이 생기면 어려워진다. 판단력이 부족할 경우 목적지라고 생각해서 열심히 갔는데 엉뚱한 곳에 도착할 수도 있다.

10주 동안 나는 임시로 이들을 대신해 선장 역할을 했다. 배는 이렇게 몰아야 하고, 풍랑이 몰아칠 때는 이렇게 대처해야 하고, 항로는 어떻게 선택해야 하는지 내가 아는 범위 내에서 최선을 다해 알려주었다. 이제는 이들에게 조타기를 넘겨줄 때가 되었다. 아무리 힘들어도 이제는 부모가 조타기를 잡고 저 험한 바다를 아이와 함께 건널 때가 된 것이다.

항해에 나선 세상 모든 부모들에게 힘찬 응원의 박수를 보낸다.

나는 오늘도 아이를 혼냈다

© 조선미, 2008

지은이 | 조선미 **펴낸이** | 곽미순 **편집** | 윤도경 **디자인** | 이정화

펴낸곳 | 한울림 **편집** | 윤도경 윤소라 이은파 박미화
디자인 | 김민서 이순영 **마케팅** | 공태훈 **경영지원** | 김영석
출판등록 | 1980년 2월 14일(제2021-000318호)
주소 | 서울특별시 마포구 희우정로16길 21
대표전화 | (02) 2635-1400 **팩스** | (02) 2635-1415
블로그 | blog.naver.com/hanulimkids
페이스북 | www.facebook.com/hanulim **인스타그램** | www.instagram.com/hanulimkids

첫판 1쇄 펴낸날 | 2014년 4월 18일
4쇄 펴낸날 | 2023년 10월 6일
ISBN 978-89-5827-065-2 13590

이 책은 저작권법에 따라 보호받는 저작물이므로, 저작자와 출판사 양측의 허락 없이는
이 책의 일부 혹은 전체를 인용하거나 옮겨 실을 수 없습니다.

* 잘못된 책은 바꿔드립니다.